a VIDA *na* MORTE

Wladimir Ballesteros

a VIDA na MORTE

Uma introdução ao maior enigma do ser humano

Λxis Mvndi

Capa: Guilherme Vianna
Foto da 4ª capa: Eliana Assunção
Ilustrações: Mariana Passarelli e ZH Salles Consultoria Ltda.
Editoria de texto: Merle Scoss
Projeto gráfico: Wladimir Ballesteros
Editoração eletrônica e fotolitos: Página Um – Programação Visual

Dados Internacionais de Catalogação na Publicação (CIP)
(Câmara Brasileira do Livro, SP, Brasil)

Ballesteros, Wladimir (1950-)
A vida na morte : introdução ao maior enigma do ser humano / Wladimir Ballesteros. -- São Paulo : Axis Mundi, 1998.

Bibliografia.
ISBN 85-85554-09-6

1. Alma 2. Imortalidade 3. Morte 4. Reencarnação 5. Teosofia 6. Vida futura I. Título.

98-1869 CDD-299.934

Índices para catálogo sistemático:

1. Morte : Teosofia : Religião 299.934
2. Vida após a morte : Teosofia : Religião 299.934

AXIS MUNDI EDITORA LTDA.
Rua Rui Godoy Costa, 29 CEP 04549-030 São Paulo, SP
Tel/fax: (011) 866-6229

DISTRIBUIÇÃO:
Catavento Distribuidora de Livros S/A
Rua Conselheiro Ramalho, 928 CEP 01325-000 São Paulo, SP
Tel: (011) 289-0811 Fax: (011) 251-3756

Dedico este livro à minha querida esposa Sonia,
que me estimulou a escrevê-lo e me ofereceu todo
seu apoio e compreensão,
interrompendo-me no momento certo
para uma pausa com chá e biscoitinhos.

E agradeço aos meus filhos Alexandre, André e
Aline por existirem — pois são eles os meus gran-
des mestres nesta vida. A esperança da
colheita está na semente.

Índice

Índice das ilustrações

Prefácio

Escrevo este prefácio com a mesma sensação de prazer e de agradecimento que você leitor sentirá ao ler pela primeira vez este livro.

Prazer, devido à leitura ter fluido alimentada constantemente pela curiosidade dos temas e pela motivação dentro de cada frase ou parágrafo.

Agradecimento, pelos ensinamentos profundos e importantes sobre a realidade de nossa existência, expostos de forma inovadora e com a clareza que sempre reveste a vida, os pensamentos, os princípios e a pessoa do amigo Wladimir.

Ao ler este livro, senti como estar subindo uma escada em busca de respostas e de consciência. Cada parte lida foi um degrau, que ao ser subido me agregou mais valor, e valor sobre aquilo que eu e você mais almejamos conhecer: a VIDA na MORTE, o maior enigma dos seres humanos.

Subindo os primeiros degraus, gradativamente, entendi melhor a minha realidade setenária e a função de cada um dos sete corpos que possuo, do mais denso ao menos denso.

Ao chegar ao primeiro patamar da escada, pensei e senti minha realidade como corpo, alma e espírito. Foram realmente degraus que levaram a um maior autoconhecimento.

Continuando a subida, o tempo entre o degrau anterior e o posterior me fez entrar na magia do tempo e na quarta dimensão, como colocado no livro.

Essa magia me fez entender que o presente não existe como o entendemos. Disse para mim "agora", e percebi que este instante não existe, pois ao tentar fixá-lo ele já tinha acontecido. Percebi que o presente é algo que existe entre o passado e o futuro, um ponto que se desloca na velocidade da evolução.

Tentei fixar minha mente no presente, seguir o presente na transformação contínua do futuro em passado, e descobri a eternidade. O presente parado não existe, o que existe é a eternidade em evolução como presente.

Se você entrar na magia do tempo, do espaço e da velocidade, nesse segundo patamar de subida em conhecimento, você desfrutará do prazer de entrar em altos estados de consciência e abrirá os portais para entendimento de sua realidade.

Continuando os degraus, focando que eu sou o que penso, ao chegar no outro patamar seguinte, confirmei que os limites de meus pensamentos são os limites de minhas possibilidades, e estes limites são infinitos, o que percebi quando foquei a minha consciência tanto no presente como na eternidade.

Os últimos e gratificantes degraus, subi com o ímpeto da motivação e da curiosidade, com ansiedade em saber, vendo descortinar em minha mente todo o processo da segunda e da terceira mortes, e os acontecimentos relativos às vivências nos subplanos dos vastíssimos mundos astral e mental.

No último patamar, ao final do livro, encontrei as respostas esclarecedoras dos questionamentos sobre a existência e os acontecimentos após a morte, como um presente adicional por ter chegado ao final da escada.

Em toda a subida, degrau por degrau, senti o amparo de um forte corrimão, com embasamento sólido de estudos e de pesquisas feitas sobre o assunto, o que me permitiu subir com segurança em busca de aumentar minha consciência, e fiquei ao final revestido dos sentimentos que mencionei ao iniciar o prefácio, sentimentos de prazer e de agradecimento.

Obrigado, Wladimir, pela oportunidade que me deu para prefaciar este livro, foi uma honra.

Como comunicador e estudioso do assunto, parabenizo a você por ter escrito este livro e comunicar tantos conhecimentos profundos e de forma tão clara, e parabenizo também a você, leitor, que a partir de agora e a cada parágrafo lido, estará subindo degraus em consciência sobre este assunto fascinante e de total importância evolutiva, que é a VIDA na MORTE.

Adhemar Ramos
São Paulo, abril de 1998

Adhemar Ramos é engenheiro industrial, ex-diretor de empresas nacionais e multinacionais, instrutor em treinamento profissional, estudioso e divulgador de técnicas de autoconhecimento e de comportamento humano através de jornais, revistas, rádio, televisão, palestras públicas e *workshops*.

Introdução

Para muitos, o medo da morte é o maior dos medos.
O medo de perder toda identidade, toda consciência,
todo seu ser. O medo da dissolução no nada.
O medo do fim.

Peter Russell, "O buraco branco no tempo"

Haverá algo que o ser humano tema mais do que a morte?

Creio que não — e creio também que as religiões, as tradições culturais, as crenças em geral, a crença em algo superior, o amor ou apego à vida funcionam como compensações necessárias de onde o ser humano tira forças para conviver com essa realidade indiscutível que todos nós haveremos de enfrentar como parte do processo das leis universais, das leis da Natureza, às quais tudo está sujeito.

Falar do fenômeno da morte é sempre um desafio imenso, quase um tabu, porque a maioria das pessoas já possui algum conceito formado através das religiões e dos diversos dogmas construídos ao longo da história da humanidade.

Considerando essas idéias preconcebidas, aliadas ao medo natural da morte, podemos dizer que somente uma "vontade superior" é capaz de romper os véus do desconhecido e nos fazer penetrar num outro mundo — um mundo que, na realidade, nunca esteve separado deste mundo em que vivemos.

O fato é que todos nós, até mesmo aquelas pessoas que se dizem indiferentes ao fenômeno da morte, em algum momento desta vida física nos perguntamos:

O que fui?
O que sou?
O que serei?
Para onde vou?
Existe um sentido para a vida?

Essas perguntas, que sempre nos acompanharam ao longo da nossa história, se constituem na grande chave enigmática que o ser humano busca desvendar para conhecer os segredos da vida, a razão da sua própria existência.

Com base na riqueza de ensinamentos que nos foram transmitidos pela Sabedoria dos Deuses — quer a chamemos de teosofia, sabedoria imemorial, filosofia perene, holismo, filosofia esotérica, tradição mística, doutrina universal, o *mysterion* dos gregos, *Brahma-vidyâ*, *Âtma-vidyâ* ou *Gupta-vidyâ* das escrituras hindus, ou apenas "a unidade essencial das religiões" —, eu gostaria de falar sobre o fenômeno da morte, tentando contribuir para a reflexão, a meditação e, por que não?, para que se faça alguma luz a respeito dos planos da Natureza e das condições que nos aguardam após a morte física.

Segundo os ensinamentos teosóficos, a morte física é apenas um estágio da evolução de cada ser que habita o planeta Terra, o Universo.

Ao escrever este livro, busquei condensar um conjunto de ensinamentos esotéricos, bem como uma série de informações, fruto de pesquisas realizadas ao longo do tempo, sobre a continuidade da vida após a morte. Minha idéia foi tecer uma pequena tapeçaria abordando os temas que considero fundamentais para a compreensão da morte e da vida após a morte. Nem tudo será novidade para você; o que talvez seja novo é o quadro que vai se formar quando os fios dessa tapeçaria se entrelaçarem.

O primeiro capítulo, "Os corpos do ser humano", arma a estrutura, apresentando os sete corpos do ser humano (físico, etéreo, astral, mental inferior ou concreto, mental superior ou abstrato, búdico e átmico), seu funcionamento e interligação, deixando bem claro que não somos feitos como um sanduíche ou um bolo em camadas, e discutindo a alma, o *prâna* e nossa igualdade essencial;

No segundo capítulo, "O tempo na quarta dimensão", discutimos a questão do tempo e do espaço, permitindo que você entenda a chamada "quarta dimensão" e o que nela ocorre;

No terceiro capítulo, "O poder das formas-pensamento", descrevemos como o nosso pensamento tem o poder de construir "formas" que agem tanto nesta vida quanto na sua continuidade após a morte física;

O quarto capítulo, "A vida depois da morte", descreve a viagem empreendida pela alma através dos planos da Natureza, a segunda e a terceira mortes, e a essência eterna que retornará à matéria densa num novo corpo físico;

E por considerá-las de interesse geral, no quinto capítulo apresento algumas das perguntas que mais freqüentemente surgem nos meus seminários e palestras: quanto tempo decorre entre uma encarnação e a seguinte; por que não temos lembrança clara e consciente das nossas vidas passadas; quando as teremos; por que precisamos habitar um corpo físico; quantas vidas terrenas temos de viver até alcançar a Iluminação.

¤

O simples fato de entrar em contato com esses conhecimentos já fará despertar em você um novo estado de consciência. Você poderá então vislumbrar outros planos da Natureza e, ao fazê-lo, estará criando condições para facilitar e melhorar sua vida terrena e sua jornada cósmica, vida após vida, até o reencontro último com seu verdadeiro Eu.

Capítulo 1

Os corpos do ser humano

A Verdade não se modifica: nós, sim,
nos modificamos e por isso se modifica,
para nós, o aspecto da Verdade.

Henrique José de Souza

Muitas pessoas que acreditam na existência de uma vida após a morte física costumam considerar apenas dois corpos na constituição do ser humano: o físico e a alma. E além disso, chamam a alma de espírito, ou a confundem com ele.

Sob o ponto de vista teosófico, o ser humano é formado não apenas por dois corpos, mas por sete corpos. E alma e espírito não são a mesma coisa — são partes diferentes de uma mesma coisa.

Para podermos compreender como se processa o ciclo de vida que parece terminar com o que chamamos de "morte", torna-se imprescindível conhecermos a nós mesmos como os seres *setenários* que somos e o modo engenhoso e maravilhoso através do qual estamos ligados ao Eterno, a força cósmica de sabedoria suprema a que chamamos Deus.

Mais do que simplesmente ligados ao Eterno, somos sua criação máxima, sua obra-prima feita de sete corpos. Partindo do mais denso (o físico) para o mais sutil, são estes os nossos sete corpos:

Físico
Etéreo
Astral (ou Anímico)
Mental concreto
Mental abstrato
Búdico
Átmico

Para facilitar o entendimento, vamos separar esses sete corpos em dois grupos. O primeiro grupo compreende

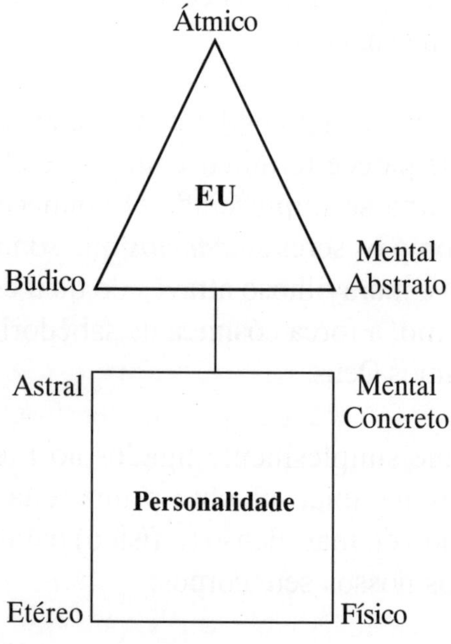

O símbolo da formação setenária do ser humano

os corpos que formam o homem transitório, que dura por um determinado período de tempo: físico, etéreo, astral e mental concreto. Esses quatro corpos constituem a *personalidade* do ser humano, ou seja, a forma como nos apresentamos, nos expressamos, agimos. Já o segundo grupo abrange os corpos que constituem o homem eterno, a sua parte divina.

Essa ilustração, que é um dos preciosos simbolismos utilizados pela teosofia para expressar a formação setenária do ser humano, oferece uma explicação simples mas extremamente significativa para o entendimento deste primeiro capítulo.

O corpo físico

Nosso corpo físico é o veículo através do qual o Eterno assenta seu trono na face da Terra. Muito se poderia escrever sobre o corpo físico do ser humano, mas tal não é o objetivo deste livro. Eu gostaria apenas de relembrar algumas peculiaridades, bastante úteis para o que veremos a seguir e que muitas vezes passam despercebidas.

Nosso sistema nervoso central, formado pelo encéfalo e pela medula espinhal, é uma espécie de *comandante* do nosso corpo e das nossas ações.

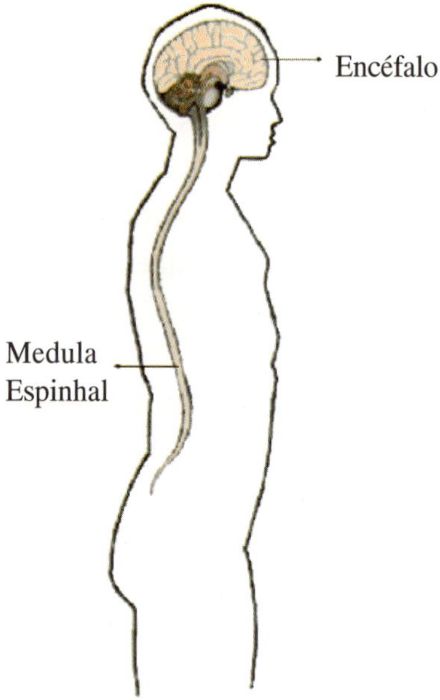

O sistema nervoso central funciona como uma sofisticada rede de processamento de dados, recebendo, processando e enviando informações. Trata-se da peça-chave do nosso corpo denso, pois é o instrumento através do qual nossos pensamentos e sentimentos podem ser plasmados e expressados no plano físico.

Do sistema nervoso central derivam dois outros sistemas: um deles é conhecido como vago ou voluntário, e o outro, como simpático ou autônomo.

Como já indica seu próprio nome, o sistema *voluntário* está à disposição da nossa vontade; podemos acioná-lo tanto de dentro para fora, ao expressarmos nossos pensamentos e sentimentos, quanto de fora para dentro, ao captarmos as coisas do mundo exterior através dos nossos sentidos.

Já o sistema *autônomo* funciona independentemente da nossa vontade, embora sob determinadas condições possamos interferir no seu funcionamento. Todos os órgãos trabalham sem que precisemos enviar-lhes qualquer comando (nossos pulmões inspiram e expiram o ar; as glândulas endócrinas, o fígado e o pâncreas lançam substâncias na nossa corrente sanguínea; nosso coração pulsa cerca de 2.500.000.000 vezes numa vida média). Tudo isso funciona automaticamente, pois não depende da nossa vontade ou de quaisquer estímulos.

Esses sistemas nervosos e todas as outras partes do nosso corpo físico são formados por cerca de 100.000.000.000.000 de células e estas, por sua vez, se compõem de pequenas moléculas formadas por átomos.

Cada átomo é um ser vivo. Cada um deles executa a sua função, habitando o universo do nosso corpo tal como as estrelas habitam o espaço cósmico.

Cada célula do nosso corpo trabalha de forma a executar a tarefa para a qual foi designada — as células do coração respondem harmoniosamente a um impulso elétrico cadenciado; as células do fígado produzem e lançam no nosso organismo a bile, uma espécie de "detergente" contra a gordura que ingerimos; e assim por diante. Cada órgão, cada parte do nosso corpo executa a tarefa que lhe cabe.

Desse modo, podemos inferir que essas células possuem um grau de inteligência próprio. Apenas estão delimitadas ao seu campo de ação, tal como nós também estamos limitados pelo nosso corpo físico.

Nosso corpo denso, formado por ossos e sais minerais na sua composição química, nos faz lembrar que o *reino mineral* está presente na Natureza e no ser humano.

Esse mesmo corpo denso, todo percorrido pelos milhares de ramificações do seu sistema nervoso, nos faz lembrar que o *reino vegetal* está presente na Natureza e no homem.

E é nesse mesmo corpo que possuímos todo um sistema circulatório através do qual flui o nosso sangue, lembrando-nos que o *reino animal* está presente em nós e na Natureza.

É pensando nesse universo fantástico do corpo humano que perguntamos:

Será que todo esse ser maravilhoso, tão engenhosamente construído, se desmancha para sempre com a morte?

Será que o ser humano dispõe de uma única vida para ser bom ou mau, brilhante ou incapaz, rico ou pobre?

Será que numa única vida, apenas em uma única vida, nascemos favorecidos ou desgraçadamente desfavorecidos em todos os sentidos? Será?

Uma unidade

Eu gostaria de esclarecer que apesar de apresentar os corpos do ser humano um a um, separadamente, com o único objetivo de oferecer uma explicação mais clara, devemos ter sempre presente que *o ser humano é uma unidade* — portanto, deve ser considerado como um todo. Nossos sete corpos se interpenetram e interagem; o que muda é a densidade de cada um deles.

Não somos feitos em camadas. Não somos como um bolo ou um sanduíche, no qual colocamos uma fatia de queijo, depois a alface, mais uma fatia de tomate etc. etc.

Somos uma totalidade, uma unidade.

Tomando o corpo físico como exemplo, não podemos dizer que a parte sólida está separada da parte líquida nem que a parte gasosa está separada da sólida ou da líquida.

É a nossa mente concreta e racional que faz essa separação; ela associa a parte sólida aos ossos, unhas, cabelos, pele, etc.; associa a parte líquida ao sangue e à água que temos em nosso corpo; associa a parte gasosa ao ar e aos gases que, embora invisíveis, são sentidos e até expulsos do nosso organismo.

Isso é perfeitamente aceitável do ponto de vista racional, concreto, pois uma das características da mente é a de fazer associações para formar conceitos. Entretanto, do ponto de vista holístico essa separação simplesmente não existe — qualquer parte do nosso corpo, seja sólida, líquida ou gasosa, faz parte de um todo.

Vejamos a água nos seus três estados: sólido, líquido e gasoso. Nossa mente racional identifica esses estados e logo os separa, o que é perfeitamente lógico e óbvio. Mas a essência que compõe a água é exatamente a mesma nos três diferentes estados da matéria. O que muda é sua *densidade* e a forma como podemos percebê-la.

Assim é o nosso corpo. A essência é a mesma. O que muda são os estados de sutileza da matéria, que varia do mais denso para o mais sutil. Os estados mais sutis nem chegam a ser admitidos pela ciência ortodoxa, pois não podem ser constatados por nenhum dos nossos sentidos no atual estágio de evolução da humanidade.

Felizmente, seres que se encontram uma oitava acima dos atuais padrões evolutivos conseguem perceber outras qualidades mais sutis da matéria, empregando sentidos — se é que podemos dar-lhe esse nome — mais refinados. Acredito que, em algum momento da vida neste planeta Terra, um grande número de seres humanos haverá de conquistar esses "sentidos".

No passado, admitia-se a existência de bactérias que atacavam o homem e outros seres vivos. Aquele tipo de vida não podia ser verificado ou constatado pelos sentidos humanos; podia-se apenas deduzir sua existência através dos sintomas. Com a invenção do microscópio, as bactérias puderem ser analisadas, observadas e por fim combatidas.

Nos anos dourados da antiga Grécia, os filósofos defendiam a existência do átomo como a menor partícula formadora da matéria. Passaram-se quase dois mil anos até que a ciência pudesse comprovar essa tese, digamos assim, intuitiva. Mas logo descobriu-se que o átomo é formado por elétrons, prótons e nêutrons. E hoje a ciência conhece partículas ainda menores, como o pósitron, o píon, o múon, o quark e, mais recentemente, o quarktop.

Isso sugere que a consciência dos filósofos gregos estaria, por assim dizer, uma oitava acima dos padrões humanos. E também parece sugerir que a massa de conhecimentos, antes tida como filosofia ou metafísica, deixa de assim ser considerada a partir do momento em que surge a comprovação científica — a metafísica passa então a fazer parte da ciência.

Acredito, portanto, que num futuro bem próximo haverá uma maior quantidade de seres humanos dotados de percepção mais elevada, uma oitava acima dos padrões humanos atuais, e capazes de observar outros corpos mais sutis em nós. A quantidade desses seres aumentará à medida que a humanidade for desenvolvendo novos atributos, como parte de um processo evolutivo natural. E então o ser humano não irá simplesmente "acreditar" que possui corpos mais sutis — ele poderá constatar, provar cientificamente, tal como constatou e provou a existência das bactérias e das partículas subatômicas.

O corpo etéreo

Nosso segundo corpo, o corpo etéreo, interpenetra e circunda todo o nosso ser físico, estendendo-se por cerca de 2,5 centímetros além dos limites da nossa estrutura densa. Na verdade, o corpo etéreo é uma continuação do corpo físico, mas é formado por matéria mais sutil, e invisível a olho nu.

O corpo físico não sobrevive sem esse seu "prolongamento", essa sua "continuidade" a que damos o nome de corpo etéreo — a separação entre eles caracteriza o fenômeno denominado "morte".

O corpo etéreo possui quatro partes: a etérea (a mais densa, vindo logo após a matéria gasosa do nosso corpo físico) e mais três graus de sutileza, chamados de éter 2, éter 3, e éter 4, também conhecidos como matéria superetérea, subatômica e atômica. Resumindo, temos:

O corpo físico é formado por matéria:
sólida líquida gasosa
O corpo etéreo é formado por matéria:
etérea superetérea subatômica atômica

A parte etérea do corpo etéreo, por ser a mais densa, é a mais "física" do nosso segundo corpo. Logo, podemos inferir que essa é a parte que se revela através das fotos kirlian — ou seja, é a parcela de matéria possível de ser captada por esse processo.

Fotografia kirlian

Nos anos 60, o casal de cientistas russos Semyon e Valentina Kirlian ofereceu ao mundo a possibilidade de fotografar essa extensão mais sutil do nosso corpo denso. A técnica por eles desenvolvida, um sistema similar ao fotográfico, leva seu nome: fotografia kirlian.

Através desse processo, pode-se obter a revelação daquilo que costuma ser chamado de *aura*. Pessoalmente, discordo dessa denominação, pois a aura é formada de matéria muito mais sutil que a matéria etérea e não existe nenhum aparelho, pelo menos conhecido até o presente momento, que permita sua revelação ou mesmo sua visualização. Além disso, como seria possível obter uma foto da aura sem antes fotografar, por esse ou qualquer outro processo, o próprio corpo etéreo?

Apenas para lançar mais luz sobre essa questão, devemos lembrar que o processo kirlian permite que se obtenha fotos do corpo etéreo de um ser humano, um animal, uma planta, um cristal e... uma barra de aço. Isso parece sugerir que toda matéria, mesmo que tão densa quanto o aço, possui um corpo etéreo e uma natureza muito mais sutil do que aquela que se apresenta aos nossos olhos.

Portanto, não só podemos afirmar que a aura é uma outra coisa, como também nos cabe acreditar que uma forma de vida mais sutil habita todas as coisas, por mais densas que pareçam à nossa visão ainda limitada.

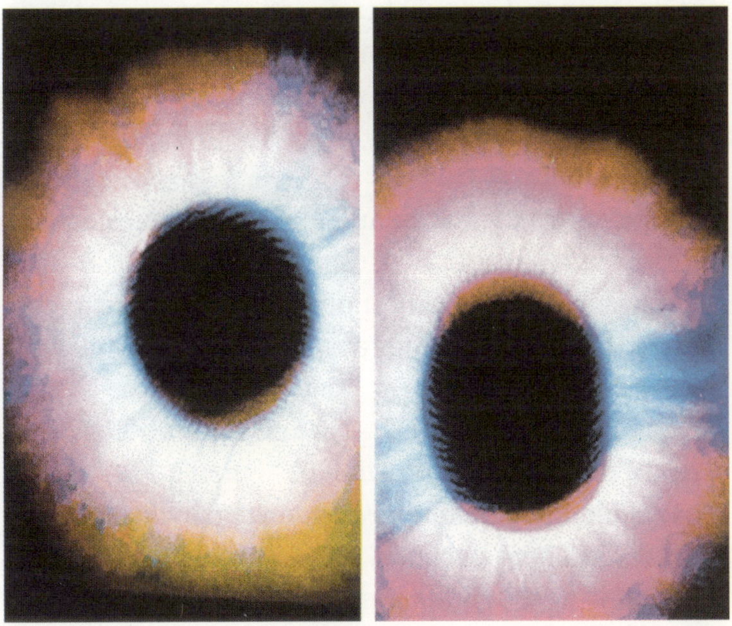

Fotografia kirlian

Na ilustração da página anterior temos duas fotos kirlian de um dedo humano, mostrando o corpo etéreo que circunda o corpo físico.

Chakra esplênico e *prâna*

No corpo etéreo encontramos sete centros de força, sete rodas ou discos chamados de *chakras*, cuja função primordial é ligar o nosso corpo físico aos demais corpos que possuímos. Cada chakra possui sua energia própria. Os chakras funcionam como órgãos de acesso a outros planos da Natureza, como o astral, o mental e o espiritual, que veremos mais adiante.

Embora várias escolas admitam a existência de muitos outros chakras, vamos nos restringir aos sete chakras tradicionais, cujos nomes (em português e sânscrito) e localização são apresentados abaixo:

Chakra raiz (*muladhara*) — base da coluna
Chakra esplênico (*svadhisthana*) — pelve
Chakra umbilical (*manipura*) — na região do umbigo
Chakra cardíaco (*anahata*) — centro do peito
Chakra laríngeo (*vishuddha*) — garganta
Chakra frontal (*ajna*) — centro da testa
Chakra coronal (*sahashara*) — topo da cabeça

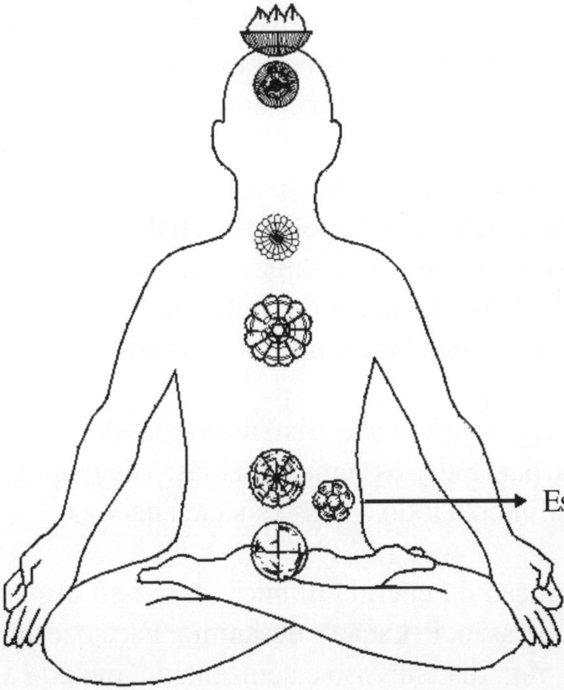

O segundo chakra, denominado esplênico, tem por função primordial a captação da energia vital chamada *prâna*, que se encontra presente em toda a Natureza. Essa energia alimenta tudo o que tem vida, ela é a própria fonte da vida.

O prâna são aquelas partículas que, na sua forma mais densa, podem ser observadas quando fixamos o olhar no horizonte. Vemos então uma série de pontinhos luminosos e em constante movimento, mais abundantes nos dias ensolarados de céu azul, especialmente nos lugares onde a Natureza é farta, como nas praias, próximo às cachoeiras, nas matas luxuriantes.

Por isso é importante freqüentarmos, ainda que esporadicamente, lugares onde podemos estabelecer um contato mais direto com a Natureza, pois neles a presença mais abundante dessa energia vital funciona como um verdadeiro carregador e renovador das nossas energias.

Essa energia prânica é distribuída desde o chakra esplênico para todos os demais chakras; nele próprio, essa energia alimenta todo o nosso sistema nervoso.

A diminuição da energia prânica em nosso organismo causa depressão, irritação e desânimo. Faça o teste você mesmo: num dia chuvoso e acinzentado, quando a presença do prâna é muito menor devido à "ausência" de luz solar, você vai verificar como diminui sua disposição e motivação para realizar suas tarefas.

Algumas pessoas são tão afetadas pela diminuição da energia prânica que chegam a entrar em profundo estado de angústia e depressão; e geralmente não sabem por que se sentem tão mal assim.

Podemos agora compreender que a falta dessa energia impossibilita a vida como um todo, torna impossível a vida do nosso corpo físico. Isso compreendido, somos capazes de entender melhor a interligação e interação que existe entre esses dois corpos.

Quando ocorre a separação entre o corpo físico e o corpo etéreo, advém o fenômeno da morte física — que é acompanhada da desintegração do corpo etéreo, uma vez quc a razão de ser do seu funcionamento (a manutenção da vida no corpo físico) deixou de existir.

Como o desligamento entre eles não ocorre de maneira repentina, visto que a matéria precisa de algum tempo para se decompor, o corpo etéreo fica pairando sobre o corpo físico. É por isso que muitas pessoas afirmam ver "fantasmas" nos cemitérios; na verdade, o que lhes causa tanto pavor nada mais é do que corpos etéreos em processo de desintegração.

E é também para alcançar uma rápida desintegração desses dois corpos que muitos povos e religiões adotam o processo da cremação, sobre o qual falaremos mais adiante.

O corpo astral

Nosso terceiro corpo, o corpo astral, é mais conhecido como a *alma* do ser humano. É a sede dos desejos, das paixões, das emoções, dos sentimentos em geral. Tudo o que o homem *sente* se dá através do seu corpo astral.

Constituído de matéria mais sutil que a dos corpos físico e etéreo, o corpo astral os circunda e interpenetra, formando ao redor deles a *aura.* Aura é uma palavra sânscrita que significa "ovo". Muito apropriada, pois se apresenta como um corpo ovóide que ultrapassa em 30 ou 40 centímetros os limites dos corpos físico e etéreo, conforme ilustração abaixo:

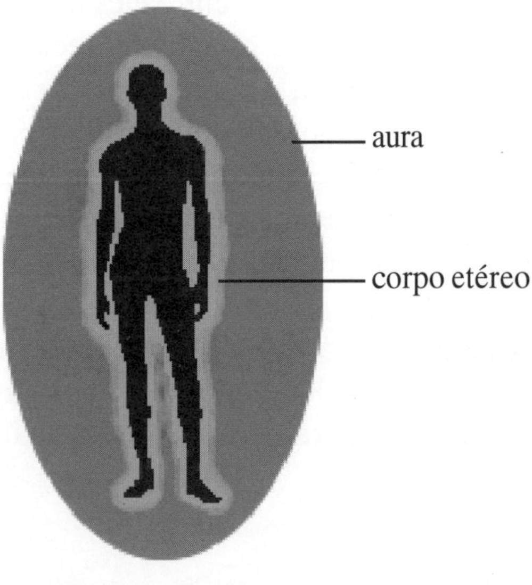

As impressões ou vibrações recebidas do mundo exterior são captadas pelos nossos sentidos e transmitidas ao corpo astral através do corpo etéreo; a matéria que as conduz é a energia vital chamada prâna.

Portanto, tudo o que nos chega do mundo exterior através da visão, da audição, do paladar, do tato e do olfato, é enviado ao corpo etéreo e este, por sua vez, utiliza o prâna para comunicar essas impressões sensoriais à nossa alma.

Esse é o mecanismo que ocorre de fora para dentro. O inverso se dá quando o corpo mental imprime na alma essas vibrações, que são transmitidas ao corpo etéreo e em seguida ao corpo físico, o qual irá trabalhar o impulso recebido. (Um lembrete: não confunda "corpo mental" com o cérebro físico.)

Neste ponto, começamos a perceber a importância do corpo astral — sua principal faculdade é a de intermediar essa corrente de impressões ou vibrações, que ocorre nos dois sentidos, ora de fora para dentro, ora de dentro para fora, e que se manifesta sob a forma de sensações ou emoções.

Toda essa gama de sensações e emoções provoca *desejos*, pelos quais o ser humano sente *atração* ou *repulsão*.

A sensação é um sentimento de natureza mais rudimentar, enquanto que as emoções são sentimentos de natureza mais elaborada, como se pode observar nos exemplos abaixo:

Sensações

dor
sede
fome
frio
calor

Emoções

amor
ódio
alegria
tristeza
felicidade
angústia
ansiedade
irritação
afeição
inveja
devoção
paixão

geram

desejos
(que causam)

atração **repulsão**

É assim que nossa alma, ou corpo astral, cresce e se aprimora, pois a repetição das vibrações que ocorrem nos dois sentidos vai construindo sua qualidade.

Quando as emoções vão se refinando, tornando-se mais brandas e positivas, modificam-se as emanações e colorações do corpo astral, seu tamanho se amplia, seu brilho fica cada vez mais intenso e a pessoa começa a sentir que o turbilhão das águas de um mar revolto vai se transformando nas águas tranqüilas de um lago.

O corpo astral é o grande campo de batalha onde o ser humano enfrenta a si mesmo. É ali que experimentamos a paz ou a turbulência da vida, é ali que construímos e vivemos o paraíso ou o inferno.

A qualidade e intensidade dos desejos funcionam como um termômetro que determina essa oscilação. Ora lançam-nos para cima, ora nos atiram para baixo — uma imagem que remete ao título do livro de F. Ossendowisky, *Bestas, Homens e Deuses*, pois o ser humano é dotado de livre-arbítrio e a ele cabe a escolha de qual dessas três condições vivenciar.

Uma vez que os nossos sete corpos estão interligados, devemos lembrar que tudo o que acontecer num deles irá se refletir em todos os outros. Portanto, não conseguiremos refinar o corpo astral se maltratarmos nosso corpo físico — ingerindo drogas, por exemplo, ou abusando de álcool e cigarros, e até mesmo por falta de higiene e atividades esportivas; isso sem falar na qualidade dos alimentos que consumimos, pois só esse tema mereceria todo um capítulo à parte.

É o corpo astral que, quando dormimos, deixa na cama os corpos físico e etéreo, mantendo com eles uma conexão muito tênue, e ingressa no mundo da quarta dimensão.

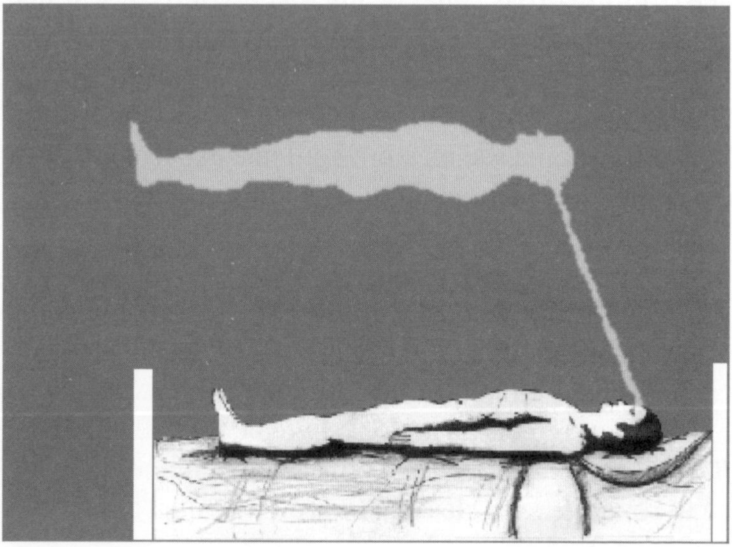

Quanto maior for o grau de evolução da pessoa, maior será a distância entre seu corpo astral e seus corpos físico e etéreo. E vice-versa.

Esse é o mundo astral. É o mundo da quarta dimensão (sobre o qual falaremos mais detalhadamente no Capítulo 2), um plano da Natureza no qual nosso corpo astral pode funcionar de maneira independente, sem nunca perder a conexão com os demais corpos.

É na quarta dimensão que ocorrem os sonhos — poderosa ferramenta para o autoconhecimento que, por uma série de razões, geralmente não são lembrados ou então nos lembramos deles apenas de modo desconexo. Há pessoas que, ao acordar, nem lembram que sonharam; no entanto, elas podem ter estado bem ativas no mundo astral sem guardarem disso a menor recordação.

Não pretendo me alongar sobre o assunto, mas quero enfatizar que os sonhos nada mais são que uma extensão da nossa vida na quarta dimensão, da qual podemos tirar muitos proveitos.

Basta lembrar que, quando adormecemos, quem repousa na cama são os nossos corpos físico e etéreo — o centro da nossa consciência estará no corpo astral. É importantíssimo termos presente essa característica da nossa alma para podermos compreender o fenômeno da morte.

Outro aspecto importante do corpo astral, que muito bem ilustra uma de suas características, é o mecanismo através do qual se processa a incorporação de um médium no espiritismo. Essas incorporações podem ocorrer de maneira parcial ou total; ou seja, o corpo astral do médium se desloca parcial ou integralmente para que uma outra alma, de pessoa já falecida, ocupe seus corpos físico e etéreo e se comunique com esta dimensão em que vivemos.

Mas cabe aqui um alerta. Segundo narra o Prof. Henrique José de Souza em seu livro *O verdadeiro caminho da iniciação*, o próprio Hyppolite Rivail (pai e codificador do espiritismo, que mais tarde adotaria o nome celta de Allan Kardec) já afirmava que eram falsas 99 em cada cem comunicações dessa natureza. Podemos inferir daí que Kardec devia conhecer muito bem as influências provocadas por outros seres e formas existentes na quarta dimensão, e que podem interferir nesse processo, ludibriando os seres humanos.

Igualdade em essência

No nosso atual estágio de evolução, o corpo astral das pessoas está plenamente formado mas não necessariamente desenvolvido, devido às experiências acumuladas que variam de indivíduo para indivíduo.

Como disse o Dr. Eduardo Alfonso, brilhante médico naturista e teósofo espanhol, ao citar as leis da Natureza e, mais especificamente, a lei da hierarquia:

> "...os homens são iguais em *essência*, não tanto em *potência*, e desiguais em *presença*."

Ele se referia às experiências acumuladas de cada ser, adquiridas vida após vida, e que, portanto, diferenciam cada ser humano pelo grau de consciência — a "potência" mencionada pelo ilustre teósofo — que cada um carrega consigo.

Quanto à essência, somos todos filhos da mesma Fonte, do mesmo Poder Cósmico a que chamamos de Deus. Alguns de nós chegaram antes a esse processo evolutivo, outros chegaram depois, mas todos chegarão ao mesmo destino.

Somos desiguais em presença. Sim, e nem poderia ser diferente. Caso contrário, seríamos uma humanidade de clones, todos com o mesmo rosto e as mesmas características físicas.

As sábias palavras do Dr. Eduardo Alfonso nos levam a pensar que nenhum ser humano pode ser julgado pela sua cor, sua raça, suas crenças, suas posses materiais. Estamos todos no mesmo barco. Diferente é o lugar que cada um de nós ocupa nesse barco, devido às experiências que acumulou.

O leitor mais cético poderia alegar que isso é um grande absurdo, que tudo depende do meio em que o indivíduo é criado, que o meio é o fator determinante para o futuro comportamento e forma de vida de uma pessoa.

Ora, a mim parece lógico pensar que o meio interfere e até influencia poderosamente a vida de todo ser humano

— se não fosse assim, seríamos uma humanidade toda igual na forma de viver, de pensar e de agir.

Mas pergunto: Por que um nasce rico e o outro pobre? Por que um nasce no Brasil e o outro na China?

Por que indivíduos de um mesmo grupo têm reações tão diferentes?

Por que pessoas de uma mesma família têm personalidades e caminhos tão diferentes e mesmo tão desiguais?

Por que algumas crianças, consideradas gênios, se apresentam com habilidades fora do comum?

Não resta dúvida de que o meio influencia, mas tampouco resta dúvida de que o meio *não determina*, pois dois fatores estarão sempre presentes na vida do ser humano: o livre-arbítrio e as experiências individuais acumuladas vida após vida.

O corpo mental concreto

O corpo mental concreto localiza-se na parte superior da aura, envolvendo e interpenetrando toda a região da nossa cabeça e os demais corpos nessa região.

Esse corpo é formado de matéria muito mais sutil do que aquelas que compõem os corpos físico, etéreo e astral. É por isso que ele não alcança diretamente o nosso cérebro físico. Ele precisa comunicar ao corpo astral as vibrações que formam o pensamento, e o corpo astral, por sua vez, envia a mensagem aos corpos etéreo e físico.

Como o cérebro físico comanda todo o nosso corpo denso através do sistema nervoso, toda ordem comunicada do "alto" pode ser prontamente realizada neste plano da matéria que habitamos.

Da mesma forma, as impressões que nos chegam do mundo exterior através dos sentidos não podem ser comunicadas diretamente ao corpo mental — elas precisam percorrer a rota inversa (corpo físico, corpo etéreo, corpo astral) até chegarem ao corpo mental.

O adjetivo "concreto" aposto a este corpo mental vem do seu funcionamento como veículo que racionaliza todas as vibrações ou informações recebidas, através de um processo analítico, associativo, comparativo, seletivo e lógico, para poder formar e armazenar um determinado conceito daquilo que recebe através dos sentidos.

A imagem de uma mesa e uma cadeira, por exemplo, já está definida na nossa mente. Embora as possíveis variações de mesas e cadeiras sejam quase ilimitadas, o conceito que identifica esses objetos já está formado.

Se vou pintar um quadro e escolho o azul e o amarelo como cores predominantes, posso fazer infinitas variações de tons e matizes azuis e amarelos, mas o conceito dessas duas cores estará formado na minha mente.

Como vimos, tudo o que captamos do mundo exterior é sentido pelo nosso corpo astral, pela nossa alma, que se aprimora através do processo de atração ou repulsão em relação ao que experimenta. O corpo mental concreto, por sua vez, avalia e racionaliza o efeito do que foi sentido, pois é a sede do *pensamento.*

Todas as informações recebidas do mais denso para o mais sutil — ou seja, a partir do corpo físico para o corpo mental concreto — ficarão contidas num arquivo que chamamos de "memória". Muitas informações simplesmente permanecem adormecidas nesse arquivo, em repouso; outras retornam até nós sob a forma de ação, e serão expressadas, executadas ou apenas reproduzidas como meras cópias xerox pelo nosso corpo físico.

Desse modo, o ser humano funciona como uma caixa de ressonância, que recebe e emite as mensagens produzidas pela vida que ele leva. Lembremos, no entanto, que esse mecanismo é apenas parte de um mecanismo muito maior — caso contrário, o ser humano seria igual a um computador, capaz de oferecer e criar apenas aquilo que pudesse absorver do meio em que vivesse.

Nesse caso, o meio funcionaria como "programas" que sua mente absorveria conforme sua "capacidade de memória" e a pessoa só estaria apta a oferecer um "menu" compatível com o seu *software*.

Se assim fosse, seria muito fácil e simples explicar o ser humano.

Uma janela para o mundo

A influência do meio não deixa de ser uma realidade se vista como parte de um mecanismo maior a que todo ser humano está sujeito, e que inclui todas as outras ferramentas que recebemos e utilizamos, às quais juntam-se o livre-arbítrio e as tendências positivas e negativas que trazemos conosco de vidas anteriores e que influenciarão a vida presente.

Todos esses ingredientes, aliados às formas-pensamento que todos nós produzimos, concorrem para formar a *personalidade* do ser humano — e o modo como ele vê o mundo através da sua janela. O que varia são as dimensões dessa janela, em função do estado de consciência de cada ser.

Apesar de ser capaz de acreditar numa vida além deste plano, o ser humano se identifica com a sua personalidade, vendo-a como o seu único e verdadeiro Eu. Isso ocorre porque a personalidade tem uma forma tangível, tem um nome, tem liberdade de pensamento e movimento; mas ela não passa de um instrumento, da roupagem da verdadeira essência, do verdadeiro Eu que habita todo ser humano e é sua parte eterna e indestrutível.

Os extraordinários avanços técnicos e científicos que alcançamos fazem de nós seres muito diferentes daqueles que habitaram nosso planeta há centenas ou milhares de anos. Nem é preciso ir tão longe no tempo: nos últimos 50 anos, depois da Segunda Guerra Mundial, o progresso — se certo ou errado não nos cabe aqui avaliar — impôs uma aceleração incrível à nossa maneira de pensar e de viver, alterando nosso processo evolutivo através de uma verdadeira maratona de acontecimentos sucessivos, típicos de uma nova era que se prenuncia.

Se pensarmos um pouco no assunto, poderemos perceber que a nossa mente é bem diversa da mente de quem viveu logo antes da Segunda Guerra.

A carga que enfrentamos nos dias de hoje chega a ser massacrante, como se a nossa mente tivesse de recuperar o tempo perdido em algum estágio do processo evolutivo.

Certamente que o homem de hoje não é o mesmo de antes. Pior ou melhor? Acho que essa não é a questão. Mas uma coisa é líquida e certa: nada, absolutamente nada detém a lei universal da evolução, e o ser humano, queira ou não, terá de empregar cada vez mais a sua mente, a sua imaginação, para poder alçar vôo ao reencontro com o verdadeiro Eu.

Acredito que a evolução, no seu estágio atual, consiste em fazer com que o corpo astral se eleve e coloque-se a serviço do corpo mental. Mas não é isso que ocorre com a grande maioria dos habitantes do nosso planeta; nessas pessoas, as emoções prevalecem e acabam por se sobrepor ao corpo mental que, por ser concreto e racional, é também o corpo da razão. Em outras palavras, muitos dos atos praticados pela humanidade são ditados muito mais pela emoção do que pela razão.

Não estou querendo dizer que a nossa mente concreta deve subjugar ou mesmo sufocar nosso corpo astral e colocá-lo a seu serviço. Isso, além de ser um absurdo, traria conseqüências extremamente negativas para a nossa evolução.

Nosso trabalho consiste em refinar as emoções, para que elas sejam cada vez menos bruscas e grosseiras, de modo que se harmonizem com a nossa mente. Aí então prevalecerá o equilíbrio entre a razão e a emoção, entre a mente e o coração — porque, sem amor fraterno e universal, o ser humano jamais triunfará.

Quando a razão tem predomínio absoluto, a pessoa se torna fria e calculista, e trata os outros como meros objetos das suas necessidades. Seu egoísmo aumenta e ela, acreditando que o mundo e os outros giram como satélites à sua volta, ora os utiliza, ora os descarta.

E quando o predomínio absoluto é da emoção, a pessoa corre o risco de ser como uma folha caída da árvore, movendo-se ao sabor do vento e ficando assim sujeita a todo tipo de influências.

Portanto, a busca do equilíbrio entre essas forças é uma das principais chaves para galgarmos os pontos mais altos na escala da evolução humana. Com o equilíbrio, evitamos o sobe-desce da nossa mente: ora atirada para baixo, atendendo aos impulsos dos desejos mais grosseiros, ora lançada para cima a fim de receber os impulsos refinados que chegam do verdadeiro Eu.

Esse jogo enfrentado pela mente, oscilando para cima e para baixo, na verdade é a grande batalha que o ser humano enfrenta durante toda a sua vida. Quem irá determinar essa oscilação da mente são todos aqueles sentimentos experimentados pela alma — pois eles transformam a mente num joguete em razão de sua qualidade, de sua alternância entre grosseiros e elevados, violentos e sensíveis.

À medida que conseguimos equilibrar as forças da razão e da emoção, estaremos criando condições favoráveis para uma ligação mais intensa com a nossa parte superior, o nosso Eu verdadeiro e indestrutível, formado pelos corpos mental abstrato, búdico e átmico.

O corpo mental abstrato, o corpo búdico e o corpo átmico

Esses três corpos formam a tríade superior do ser humano, a parte eterna, o corpo causal, o Eu, o Eu Superior, o Espírito que habita uma personalidade constituída pelos corpos físico, etéreo, astral e mental concreto.

Essa tríade equivale ao Pai, Filho e Espírito Santo do catolicismo; Osíris, Ísis e Hórus do Antigo Egito; Brahma, Vishnu e Shiva do hinduísmo, e a muitas outras trindades que conhecemos através das diversas religiões.

A palavra búdico deriva de *buddhi*, que significa o conhecimento puro, a intuição, o poder pensante por si só. E átmico provém do sânscrito *atmã*, que significa essência.

A partícula divina formada por esses três corpos, com matéria desses três subplanos, equivale ao triângulo superior da ilustração "O símbolo da formação setenária do ser humano" (ver pág. 22), e que está ligado por uma linha ao quadrado que representa a personalidade.

A tríade que forma o nosso Eu está ligada à nossa personalidade através de um princípio que é chamado, em sânscrito, de *antahkarana*, representado pela linha que une o triângulo ao quadrado. O antahkarana é a ponte entre a mente abstrata e a mente concreta.

Reproduzo aquela ilustração, incluindo o antahkarana, certo de que agora você vê nela um sentido bem diferente do que quando a viu no início deste livro.

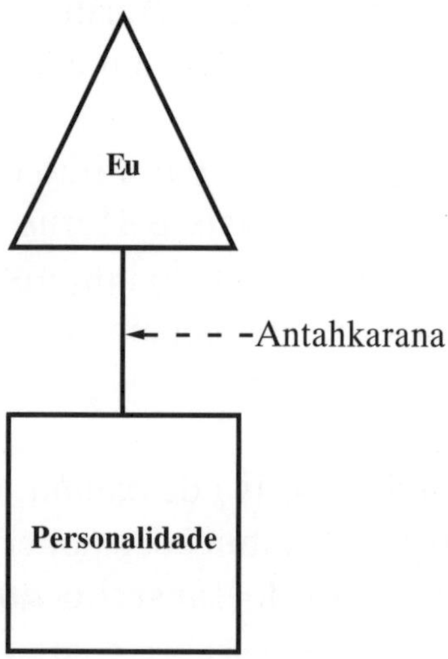

O antahkarana funciona como um meio de comunicação entre o Eu Superior (Espírito) e o eu inferior (a personalidade).

Todas as coisas boas e positivas que praticamos fluem da personalidade para o Espírito, e ali são armazenadas como condições imortais.

Essa parte eterna e indestrutível que todo ser humano carrega consigo é constituída de uma centelha divina que, em determinado momento da Criação — à semelhança da explosão inicial que a ciência moderna chama de *Big Bang* —, desprende-se do Todo, se individualiza da força cósmica global a que damos o nome de Deus e inicia sua jornada pelos planos da Natureza.

A centelha divina é o nosso corpo átmico. Ela se desprende do Todo, sem contudo romper o elo, e desce ao plano da Natureza imediatamente inferior, revestindo-se da matéria existente no plano búdico. Depois ela desce mais um plano e se reveste da matéria existente no plano mental abstrato. Ao revestir-se da matéria do plano mental abstrato, forma-se a tríade superior do ser humano. Esse é o Espírito do homem que, de si mesmo, projeta uma casa onde habitará — a personalidade.

Essa centelha divina, que se desprende do princípio cósmico a que chamamos Deus, confere a cada ser humano uma condição divina. Todos nós, sem exceção, a possuímos. Mas vivemos um estágio evolutivo em que prevalece a idéia de separação entre o mundo divino e o mundo terreno — e por isso nos identificamos com nossa personalidade, acreditamos que ela é o nosso verdadeiro Eu.

À medida que o sentimento dessa separação vai se tornando cada vez mais tênue, até praticamente desaparecer, perceberemos que somos deuses. Deuses que precisaram cursar uma escola: a escola da vida terrena.

E então você me pergunta: "Se essa trindade é divina, por que precisa habitar uma personalidade?" "Se essa parte de mim é eterna e indestrutível, por que preciso passar por todo esse processo?"

Vou deixar para responder mais adiante, quando falarmos sobre o fenômeno da morte — guardemos, por ora, a constituição setenária do ser humano que, como podemos ver, é muito mais complexa do que a simples roupagem com que nos apresentamos neste plano da matéria onde estamos vivenciando parte de uma longa jornada.

Capítulo 2

O tempo na quarta dimensão

... uma vez, porém, que o sexto sentido tenha despertado o sétimo, a luz que se irradia deste sétimo sentido ilumina os campos do Infinito. Por um breve espaço de tempo, o homem se torna onisciente; desaparecem o Passado e o Futuro, o Espaço e o Tempo: tudo se transmuta no Presente.

Helena Blavatsky

Já percebemos que a constituição do ser humano é muito mais rica e engenhosa do que a simples aparência do corpo físico, constatada pela nossa visão, também física.

Passemos agora à questão do *tempo*. Num sentido metafísico e científico, o tempo é o outro grande enigma que precisamos decifrar para podermos compreender aquilo que é chamado de "quarta dimensão" — os planos mais sutis da Natureza, como o plano astral, por exemplo, onde o tempo funciona de maneira bem diferente daquela que estamos acostumados a vivenciar na face da Terra.

Este capítulo ajudará você a compreender aquele mundo que não vemos com os nossos olhos físicos, mas que coexiste com todas as coisas. É o mundo da quarta dimensão, para o qual nos dirigimos todas as noites quando adormecemos. É o mundo que encontraremos após a ocorrência da nossa morte física.

Minha intenção é apenas estimular sua mente abstrata e intuitiva para que você possa imaginar e, por que não?, sentir e perceber o tempo numa outra dimensão da Natureza.

O tempo é o grande controlador das nossas atividades aqui na face da Terra. Nas grandes cidades do nosso planeta, chega a ser o responsável por uma série de doenças causadas pela ansiedade, estresse e irritação.

Imagine-se preso num daqueles congestionamentos de trânsito, olhando para o relógio, vendo o tempo passar sem poder fazer nada. Quando está atrasado para um compromisso, você não tem a sensação de que o tempo corre mais depressa? E em outras situações, não lhe parece que o tempo se arrasta como uma tartaruga?

Na nossa "era da velocidade", é bastante comum ouvirmos as pessoas comentarem que o tempo voa, passa bem mais rápido do que nos "bons velhos tempos". Estou sempre ouvindo alguém dizer que o ano mal começou e já está acabando.

Há ocasiões em que os minutos parecem horas. Em compensação, há outras circunstâncias em que as horas parecem minutos. Outro dia, uma amiga se lastimou: "Já faz um ano que mamãe morreu e ainda me dói tanto que parece que foi ontem."

É muito comum termos a sensação de que um fato marcante ocorreu há bem menos tempo do que na realidade. Como disse essa amiga minha, o acontecimento que marcou sua vida um ano atrás (a morte da mãe) parecia ter ocorrido “ontem”. O mesmo ocorre com coisas que sucederam dez, vinte, trinta anos atrás.

Isso significa que o tempo, no nosso mundo atual, tem um referencial diferente, especialmente para as pessoas que já viveram numa época bem mais tranqüila, quando o ritmo do progresso era mais lento.

Vários grupos de cientistas vêm estudando a questão do tempo e a sua influência no comportamento e no metabolismo humanos, em ambientes onde não haja luz, nem relógios, nem os estímulos vitais existentes na face da Terra. Vamos examinar algumas experiências significativas com o tempo.

Na chamada Operação Tatu, um grupo de espeleólogos brasileiros entrou numa caverna profunda e lá permaneceu durante 21 dias, sem qualquer contato com o mundo exterior. A experiência demonstrou que, sem os costumeiros referenciais de tempo, o relógio biológico do ser humano se desgoverna. Na escuridão e isolamento da caverna, o grupo chegou a trabalhar durante 37 horas ininterruptas, intercaladas por 19 horas de sono. Poderíamos dizer que eles experimentaram um dia de 56 horas (37 de vigília e 19 de sono). Enquanto isso, para nós aqui fora da caverna passaram-se dois dias e oito horas.

Uma experiência similar foi realizada na Itália: a jovem Stefania Folini foi colocada num módulo de 24 m^2, a dez metros de profundidade, sem luz solar, relógios ou qualquer outra coisa que lhe desse a noção de dia e noite. Ela permaneceu no módulo durante quatro meses. Seu relógio biológico — seu referencial de tempo — alterou-se por completo. Às vezes ela trabalhava 30 horas seguidas e depois dormia 24 ou 25 horas. Quando saiu do módulo, pensava que haviam se passado apenas dois meses.

Vamos admitir que Stefania pudesse viver nesse módulo durante cem anos, considerando que cada dia dela vale por dois dias nossos. Depois de um século, ela teria a sensação de ter vivido apenas 50 anos.

Quem estaria certo na contagem do tempo? Nós ou Stefania? Na verdade, nós *e* Stefania. Cada um na sua própria perspectiva.

Essas experiências demonstram que a noção de contagem do tempo depende dos referenciais e das circunstâncias em que cada pessoa se encontra.

¤

A compreensão do tempo exige dois outros conceitos: *espaço* e *velocidade*. Até o dia em que Albert Einstein apresentou ao mundo sua Teoria da Relatividade, era crença geral que espaço e tempo nada tinham a ver um com o outro.

Mas Einstein demonstrou que tempo e espaço não eram grandezas absolutas e independentes dos fenômenos que ocorriam — eram, isso sim, grandezas relativas, vinculadas aos fenômenos, e dependiam do observador.

Ora, se essas duas grandezas estão vinculadas, o que faz com que você tenha uma referência diferente da minha com relação a uma mesma coisa que ambos observamos? É a velocidade. Seja a velocidade da pessoa em relação ao objeto observado, seja a velocidade do próprio objeto que a pessoa está observando, dependendo da situação em que essa pessoa se encontra — parada, andando, dentro de um veículo em movimento, etc.

Para analisarmos a questão do tempo, portanto, devemos ter em mente estas três grandezas estreitamente interligadas: tempo, espaço e velocidade.

A viagem no tempo, segundo Einstein e sua Teoria da Relatividade, teria de ser ilustrada com uma imagem deste tipo:

Nessa imagem fictícia temos dois irmãos gêmeos que se reencontram após vários anos.

Enquanto o Einstein “velho” ficou na face da Terra, sujeito às leis convencionais, o “jovem” partiu para uma viagem cruzando o espaço-tempo em altíssima velocidade. Para o Einstein jovem, pouquíssimo tempo se passou, enquanto que para o Einstein velho, vários anos transcorreram.

Podemos dizer que esse fictício jovem Einstein esteve em condições similares às de Stefania no que diz respeito à passagem do tempo — para eles dois, o tempo passou bem mais devagar do que para nós.

Embora isso possa parecer simples ficção-científica, os mais recentes estudos da Física demonstraram, através da análise de uma partícula de múon, que tal fenômeno é possível. Múon é uma partícula quântica que, colocada na condição de repouso, não vive além de dois milionésimos de segundos. Viajando à velocidade da luz, esse tempo de vida lhe permitiria percorrer cerca de 600 metros.

Mas o fato é que essas partículas, deslocando-se à velocidade da luz ou muito próximo dela, percorrem dezenas de quilômetros e não os 600 metros teóricos na situação de repouso. Ora, isso demonstra que o seu envelhecimento é retardado durante o percurso. Por quê?

Parece que a nossa mente racional experimenta uma enorme dificuldade em entender esse assunto, por mais que nos esforcemos. Vamos tentar outra abordagem. C. W. Leadbeater, em seu livro *A clarividência*, conta uma história extraordinária.

Um sultão, achando impossível acreditar em algo que lhe tinha sido ensinado, criticou abertamente seu mestre. Este, um notável e erudito doutor das Leis, dotado de poderes miraculosos, resolveu provar ao incrédulo sultão que aquele ensinamento era absolutamente possível. Mandou vir uma grande bacia cheia d'água e disse ao sultão para nela mergulhar a cabeça por um rápido instante. Embora irritado, o sultão enfiou a cabeça na água.

Para sua grande surpresa, viu-se num lugar totalmente desconhecido, uma praia longínqua ao pé de imensa montanha. Sua primeira reação foi pensar que tinha sido enfeitiçado e pôs-se a bradar contra a traição do velho mestre. Mas o tempo passava e ele começou a sentir fome. Não lhe restava alternativa senão sair à cata de alimento naquela região estranha.

Depois de vagar a esmo por muito tempo, encontrou alguns homens derrubando árvores numa floresta. Pediu-lhes ajuda e eles o levaram até a cidade onde viviam. E ali o sultão morou e trabalhou carregando lenha durante muitos anos, até que um dia casou-se com uma mulher riquíssima. Os dois foram muito felizes no casamento e tiveram quatorze filhos.

Mas um dia a mulher morreu. As coisas começaram a ir de mal a pior e ele, já velho e na miséria, foi obrigado a retomar o antigo ofício de carregador de lenha.

Passava com seu feixe de lenha pela praia, quando o calor lhe deu a idéia de um bom mergulho. Ao erguer a cabeça da água e sacudir a água dos olhos, ficou surpreso ao se encontrar no seu antigo palácio, rodeado de cortesãos, com o velho mestre ao seu lado e uma bacia cheia d'água à sua frente.

Embora essa história (ou lenda) pareça não resistir à análise da nossa mente concreta, ela nos faz lembrar o caso dos sonhos — muitas vezes acreditamos que um sonho deve ter se estendido por várias horas, mas talvez tenha durado uns poucos minutos apenas.

São fenômenos que ocorrem na chamada *quarta dimensão*, onde tempo, espaço e velocidade seguem leis totalmente diferentes daquelas que regem nossa vida na face da Terra. Vamos ver um exemplo bem simples e significativo.

Suponhamos que sete grupos de pessoas decidem se deslocar do ponto A para o ponto B, cobrindo uma distância de 60 quilômetros, em linha reta. Para esse deslocamento, cada grupo usará veículos diferentes. Terminado o percurso, eis os resultados obtidos:

		Velocidade média	Duração da viagem
Grupo 1 –	Bicicletas	10 km/h	6 horas
Grupo 2 –	Automóvel	120 km/h	30 minutos
Grupo 3 –	Carro de Fórmula-1	300 km/h	12 minutos
Grupo 4 –	Avião a hélice	400 km/h	9 minutos
Grupo 5 –	Avião a jato	900 km/h	4 minutos
Grupo 6 –	Caça supersônico	3.400 km/h	1 minuto
Grupo 7 –	Espaçonave	40.000 km/h	0,09 segundos

Podemos ver que as pessoas que viajaram de bicicleta levaram seis horas para chegar ao ponto B, enquanto o grupo que viajou na nave espacial levou apenas nove centésimos de segundo. O *espaço* percorrido foi o mesmo; o *tempo* é que se alterou, em função da *velocidade* de cada veículo.

Durante essa viagem, cada grupo experimentou diferentes condições de observação sobre o espaço percorrido, devido às diferentes velocidades de cada um deles. O espaço, apesar de ser o mesmo para os sete grupos, mostrou-se cada vez menor à medida que o tempo também se reduzia por causa da velocidade cada vez maior.

E se houvesse um oitavo grupo, com uma espaçonave capaz de atingir uma velocidade muito superior à do grupo 7? O tempo que levaria para percorrer aquela distância seria tão pequeno que esse grupo teria a sensação de chegar ao destino sem praticamente sair do ponto de partida.

Se avançássemos ainda mais neste nosso exemplo, seria possível imaginar que em algum momento não haveria nem espaço e nem tempo. Embora tenha uma certa lógica, essa hipótese pode parecer absurda à nossa mente racional e concreta.

Vejamos o que pensa a respeito do tempo o maior físico da atualidade, Stephen Hawking:

"Só quando separados no tempo é que universos distintos podem conviver num mesmo espaço."

"O tempo é uma criação psicológica do intelecto humano."

"O tempo real não existe."

"Se não houver um observador contando a passagem do tempo, um milésimo de segundo e 40 bilhões de anos são a mesma coisa."

O fascínio das idéias de Hawking está na ousadia da abstração. Ele chegou a sugerir que o tempo se propagaria em duas direções (tal como a luz, que pode ir para um determinado ponto ou vir de um determinado ponto). Quando o Universo chegasse ao ponto máximo de expansão e a força da gravidade impelisse a matéria de volta para o centro, o tempo também "andaria para trás" — como um filme passando do fim para o começo.

Por mais fascinante que seja este assunto, o fato é que a nossa mente concreta e racional não é suficiente para compreendê-lo mais a fundo.

Precisamos utilizar algo mais sutil, algo que realmente nos motive a embarcar numa jornada além dos limites e padrões tradicionais a que todos nós estamos sujeitos na face da Terra.

Precisamos ir além. Precisamos começar a empregar mais intensamente a mente abstrata, a intuição e a imaginação — elas certamente nos permitem viajar para além das fronteiras admitidas pelos sentidos de que dispomos no nosso atual estágio evolutivo.

Se essa proposta não é razoável, por que a comunidade científica mundial ainda discorda quanto à idade do Universo? Alguns cientistas afirmam que o Universo surgiu há 12 bilhões de anos, outros falam em 15 bilhões e haverá quem diga 20 bilhões de anos.

Na prática, pouco nos importa se a diferença é de três ou cinco bilhões de anos, pois o que de fato estamos buscando é a determinação de um tempo para que nossa mente concreta possa ficar em paz com a idéia de um começo e de um fim. Nossa mente concreta, como é natural, simplesmente não consegue aceitar a idéia do infinito.

¤

E agora, usando intensamente a mente abstrata, a intuição e a imaginação, vamos continuar viajando pelo tempo. Vamos ter em mente que, sob determinadas circunstâncias, pode ser que o tempo não exista — nesse caso, passado, presente e futuro são a mesma coisa.

Nossos olhos físicos enxergam as coisas por causa das vibrações produzidas pelos raios de luz que se projetam no espaço e são imediatamente transferidas para nossas retinas. Portanto, se não houvesse luz, de nada valeriam os nossos olhos.

A velocidade em que um raio de luz se projeta é de 300.000 quilômetros por segundo (daí a expressão "velocidade da luz", uma constante universal), o que nos permite identificar instantaneamente aquilo que estamos olhando.

Quando as distâncias se tornam interplanetárias ou intergalácticas, temos de levar em conta a velocidade da luz para nos referirmos ao tempo e ao espaço a ser percorrido.

A luz do Sol, viajando à velocidade de 300.000 km/s, atinge nosso planeta em oito minutos e 30 segundos. Mas, antes de chegar até a Terra, essa luz já terá passado pelos planetas Mercúrio e Vênus, que se encontram mais próximos do Sol. E depois continuará sua viagem, nessa velocidade fantástica, chegando até Marte, Júpiter e os confins do Universo.

Vamos chamar de "momento presente" o instante em que esse raio de luz parte do Sol. Como estamos aqui na Terra, só veremos o "momento presente" quando a luz brilhar diante dos nossos olhos — mas, quando isso acontecer, essa luz já deixou de existir no Sol há oito minutos e 30 segundos; no Sol, ela já é "passado".

Esse mesmo raio de luz continua sua viagem; minutos depois alcançará o planeta Marte, depois Júpiter, Saturno, Urano, Netuno e Plutão. Para nós, é o "futuro".

Vamos lançar nossa imaginação mais além.

O que aconteceria se imaginássemos esse raio de luz cruzando as fantásticas distâncias que existem entre uma galáxia e outra? Nossa "mestra" será uma garotinha da Terra, de cinco anos, chamada Aline.

Aline olha para uma estrela muito distante, cujo raio de luz leva 70 anos para chegar até a Terra. Nesse exato momento, a estrela explode e se desintegra no espaço. Pois bem, Aline só verá a explosão bem mais tarde, quando for uma respeitável vovó de 75 anos. Até lá, sempre que olhar para aquela estrela, Aline a verá brilhando no céu.

E agora a fértil imaginação de Aline a deixa ver, naquela estrela, um grupo de crianças da sua idade. No momento em que Aline as vê, elas não são mais crianças — isso já é passado, todas elas têm agora 75 anos de idade. A imagem delas levou 70 anos para chegar da estrela até os olhos de Aline. Simples, não é?

¤

Diante dessas condições cientificamente irrefutáveis, seria possível admitirmos a hipótese de um Criador que teria diante dos olhos toda a história do mundo, desde o princípio das coisas até seu fim inescapável.

Porém, com base nos ensinamentos teosóficos, não creio que seja assim. Acredito que a evolução efetivamente se processa nos diversos planos da Natureza; caso contrário, a lei universal da evolução e todas as demais leis universais que regem a Natureza e tudo o que existe no Universo, seriam contestáveis.

Através da visão de Hawking, a ciência nos transporta para a mente abstrata e fica mais próxima da metafísica e da teosofia. Falando sobre o Universo, Hawking diz que tudo o que é observável existe desde sempre: nunca foi criado e nunca será destruído. O Universo é uma bolha imensa, cujo conteúdo se afasta velozmente do centro original e empurra para longe seus limites. Nada impede que outros Universos flutuem no espaço, a distâncias incomensuráveis do nosso, e neles, as leis podem ser totalmente diversas das que conhecemos: a gravidade pode repelir, em vez de atrair, e a chuva pode cair para cima. Quanto à matéria, Hawking diz que ela não existe e, assim, o mundo físico é uma ilusão. No mundo de Hawking, em que toda a matéria do Universo pode vir a ser concentrada numa bola do tamanho de uma maçã, o pensamento tem o mesmo valor da ação. A morte é o mesmo que a vida.

Podemos deduzir que, à medida que a matéria do nosso corpo vai ficando cada vez mais sutil e conseguimos utilizar mais intensamente nossa mente abstrata e em seguida nossa mente intuitiva (corpo búdico), penetramos gradualmente em outros estágios e planos da natureza, em outras dimensões nas quais as coisas são vivenciadas numa velocidade cada vez mais próxima à velocidade da luz.

Na ilustração abaixo, tento demonstrar a equivalência do *tempo* entre a terceira e a quarta dimensões, em seus diferentes estágios, e a continuidade desse processo, que ocorreria nos outros planos da Natureza a que chamamos de quinta, sexta e sétima dimensões.

Tal como no exemplo dos sete grupos se deslocando entre o ponto A e o ponto B, tento mostrar o que aconteceria à medida que o tempo e o espaço se reduzissem devido ao aumento da velocidade em que as coisas fossem vivenciadas.

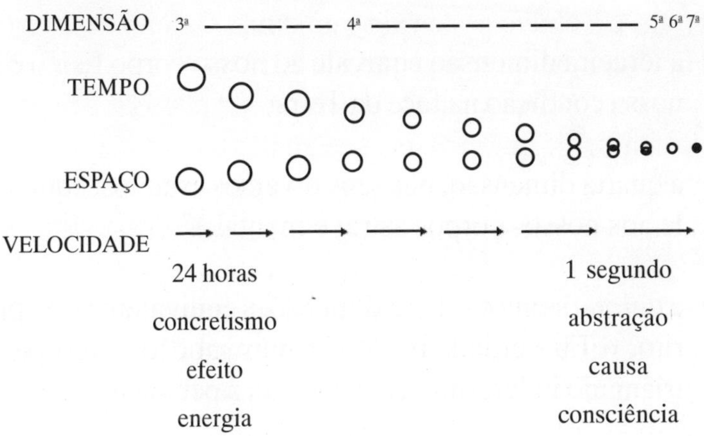

No ponto mais elevado da quarta dimensão — ou seja, o ponto em que as coisas acontecem com muita rapidez — um segundo equivaleria a 24 horas na face da Terra, onde vivemos na terceira dimensão e o tempo tem um compasso marcado; aqui, tudo está em movimento, mas de maneira mais lenta e espaçada que no ponto mais elevado da quarta dimensão.

Isso significa que, à medida que vivenciamos as coisas numa condição cada vez mais próxima à velocidade da luz, o tempo e o espaço vão se aproximando e ficando cada vez menos perceptíveis, até se unificarem nos planos da Natureza a que chamamos de quinta, sexta e sétima dimensões.

Podemos dizer que:

- a terceira dimensão equivale ao nosso corpo físico e à nossa condição na face da Terra;

- a quarta dimensão, nos seus diversos estágios, equivale aos nossos corpos astral e mental;

- a quinta, sexta e sétima dimensões equivalem ao Espírito, o Eu verdadeiro do ser humano, formado pelo triângulo indeformável que habita a personalidade.

Entre a terceira e a quarta dimensões, há um mundo intermediário que equivale ao nosso corpo etéreo.

Ou seja, à medida que o centro da nossa consciência se transfere para outros planos da Natureza — como ocorre quando dormimos e sonhamos, ou em certos estados alterados, ou ainda quando passamos pelo fenômeno da morte —, começamos a vivenciar, sem percebê-lo, esse processo de redução do tempo e do espaço devido à velocidade em que as coisas ocorrem na quarta dimensão.

Mas isso não quer dizer que precisamos acompanhar a velocidade acelerada da quarta dimensão para nos sintonizarmos com esse plano. Estaremos empregando outros veículos, outros corpos mais sutis, e portanto compatíveis com o plano no qual nossa consciência estiver focada.

Complementando a ilustração da página 75, vamos ver o que acontece com a contagem do tempo na face da Terra e naquele ponto mais elevado da quarta dimensão:

Na Terra		*Na 4ª dimensão*
dias	***anos***	
1	*-*	*1 segundo*
60	*-*	*1 minuto*
3.600	*10*	*1 hora*
86.400	*240*	*1 dia*
31.104.000	*86.400*	*1 ano*
311.040.000	*864.400*	*10 anos*
3.110.400.000	*8.640.000*	*100 anos*

Observando essa tabela, percebemos a diferença que existe na contagem do tempo: um único século no ponto mais avançado da quarta dimensão equivaleria a mais de oito milhões de anos na face da Terra. Talvez possamos entender porque se diz que "estamos aqui de passagem". Ora, viver 70 ou 80 anos na Terra seria o mesmo que viver 1/3 de um único dia nesse ponto culminante da quarta dimensão.

Alcançar os planos mais sutis da Natureza equivale a dizer que empreendemos uma viagem do *concretismo* à *abstração*, que compreendemos o *efeito* para buscar sua *causa*, que transformamos a *energia* em *consciência*.

O tempo é um dos pontos mais intrigantes das condições da quarta dimensão, porque altera significativamente o conceito que dele fazemos nesta nossa terceira dimensão, onde vivemos num corpo que experimenta a densidade e a limitação da matéria física necessárias ao nosso atual estágio evolutivo. Espero que você, usando sua mente abstrata e sua imaginação, tenha enriquecido seus conceitos sobre este tema, apesar da imensa dificuldade, ou quase impossibilidade, que o ser humano encontra para explicar em palavras a grandiosidade do Supremo Arquiteto do Universo.

Capítulo 3

O poder das formas-pensamento

Não devemos alimentar pensamentos impuros
e idéias indignas, porque eles tomam forma,
agigantam-se, e acabam por se tornar inimigos
terríveis tanto de quem os põe em prática quanto de
quem continua a alimentá-los indefinidamente.
São criações perigosas, para seus donos
e para todos os que deles se aproximam.

Henrique José de Souza

Diz um provérbio chinês: "O homem é o que ele pensa." Singular e verdadeiro, sem dúvida, pois reflete sem máscaras o mais íntimo de cada ser humano.

Os nossos pensamentos criam formas, que se projetam sobre nós mesmos e sobre os outros, e podem afetar a nossa vida e ainda estender-se e se refletir após o fenômeno da morte.

Embora nossos olhos não possam vê-las, todos os pensamentos emitem ondas e vibrações que se propagam no seu próprio meio e cuja intensidade pode variar das mais fracas e passageiras às mais potentes e duradouras.

A qualidade, natureza e precisão de um pensamento definem a cor, a forma e a nitidez com as quais ele entra em seu campo de ação — a quarta dimensão.

Todo pensamento (e/ou sentimento) gera uma imagem que vai se localizar diante da nossa cabeça. Quando pensamos num objeto qualquer ou experimentamos um sentimento por alguma pessoa, sua imagem se apresenta diante da nossa cabeça, com forma geométrica regular ou irregular, e com cor e nitidez compatíveis com a vibração que emanamos.

A maior ou menor duração dessa imagem dependerá de uma série de fatores: sua qualidade, sua natureza e sua precisão, decorrentes da reação manifestada, e também de sua repetição. Assim sendo, uma forma-pensamento pode durar uma fração de segundo, dissolvendo-se com a mesma rapidez com que foi formada; ou pode permanecer em volta de seu criador durante dias, semanas, meses e até séculos.

Tanto o campo astral quanto o campo mental estão preenchidos por matéria que é compatível com a natureza e as circunstâncias desses campos. A sutileza da matéria cósmica existente nos planos da Natureza a que chamamos de quarta dimensão faz com que a resposta às vibrações do pensamento e dos sentimentos seja extremamente veloz. É uma resposta instantânea: as partículas se aglutinam e formam a imagem, cuja cor e nitidez são compatíveis com a vibração emitida pelo corpo mental no momento exato em que a vibração é produzida.

A essas imagens dá-se o nome de *formas-pensamento*. Todas as formas-pensamento são constituídas de matéria dos campos astral e mental; a proporção e a qualidade dessa matéria varia em função do tipo e da qualidade do pensamento.

Assim, um pensamento a respeito de um assunto que exige uso acentuado do raciocínio terá uma grande proporção de matéria do campo mental, e pouca do campo astral. Já um sentimento forte em relação a uma pessoa, objeto ou acontecimento, terá uma grande proporção de matéria do campo astral, e pouca do campo mental.

O resultado dessas reações deve-se à atuação dos nossos corpos astral e mental, daí o emprego compatível e proporcional das matérias existentes nesses planos da Natureza.

Quando os pensamentos ou sentimentos são de natureza elevada e superior, eles atraem as partes mais sutis da matéria existente nesses planos. Já os pensamentos e sentimentos maus ou negativos — de natureza inferior, portanto — atraem a matéria mais grosseira existente nesses planos.

Vamos ilustrar o modo como as vibrações produzidas pelo pensamento aglutinam a matéria existente nos campos da quarta dimensão, formando imagens afins com as vibrações emitidas, analisando o fenômeno análogo que ocorre com a placa vibratória de Chiladni:

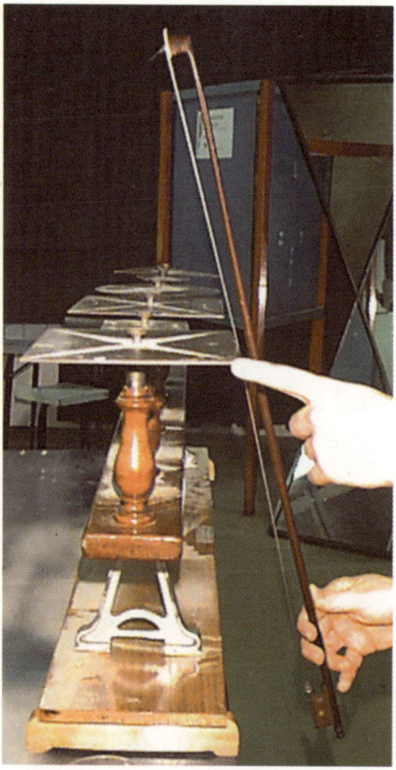

Essa placa pode ser de cobre ou de cristal, com as bordas levemente dobradas para cima. Coloca-se areia seca sobre ela e, com um arco de violino, toca-se suas bordas. Ao vibrar, a placa faz saltarem os grãos de areia, que caem formando figuras geométricas compatíveis com as vibrações produzidas pelas cerdas do arco. Eis dois exemplos de figuras formadas pela areia:

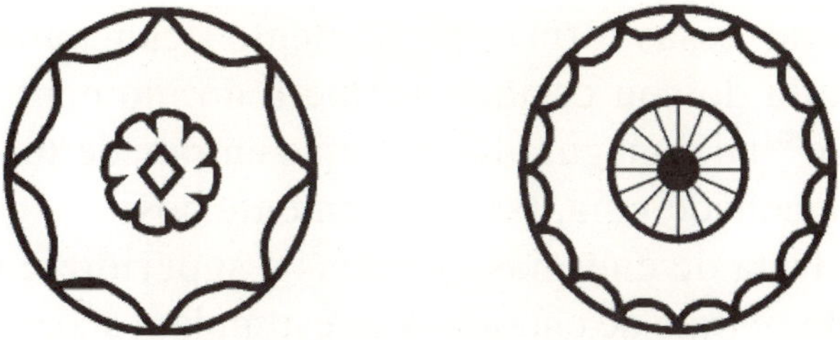

É mais ou menos isso o que ocorre conosco; "agitamos" a matéria existente nesses planos da Natureza com as vibrações emitidas pelos nossos pensamentos.

¤

A maioria das coisas que pensamos dizem respeito a nós mesmos e, por isso, são chamadas de *formas-pensamento pessoais*.

As formas-pensamento pessoais permanecem ao redor do corpo astral do seu criador, estimulando e provocando sua própria repetição, pois possuem vida e energia autônomas que são compatíveis com a vibração que as criou. Desse modo, reforçam a forma-pensamento inicial e aumentam seu tempo de vida — é como se elas relutassem em se dissolver e retornar à massa de matéria existente no campo correspondente. É como se essa porção de matéria, que foi deslocada para formar aquele pensamento, buscasse a individualização no oceano em que está envolvida.

Em geral, essas formas-pensamento ficam pairando em volta do seu criador à espera do momento em que ele "baixar a guarda". E então entram de supetão na sua consciência. Isso é altamente positivo quando se trata de energias elevadas e superiores; mas, quando se trata de energias que estimulam ações mais violentas, costuma-se dizer que a pessoa "é tentada pelo diabo".

A repetição contínua de um mesmo pensamento vai fortalecendo a forma-pensamento correspondente, até criar um "companheiro astral" que passa a fazer parte da personalidade. É assim que o pensamento vai criando diversos companheiros astrais, bons e maus, os quais constituirão o caráter de cada indivíduo e a maneira como ele verá o mundo através da sua janela.

Contribuem para a constituição das formas-pensamento de cada indivíduo as tendências, positivas e negativas, que ele traz em sua bagagem cósmica e que resultam das experiências acumuladas ao longo do seu processo evolutivo. Contribui também o meio em que ele vive e é educado. E, em especial, a vigilância constante dos seus próprios sentidos e sua força de vontade para modificar os hábitos que se mostrarem incompatíveis com sua maneira de pensar e agir, na medida em que eleva e conquista novos estados de consciência.

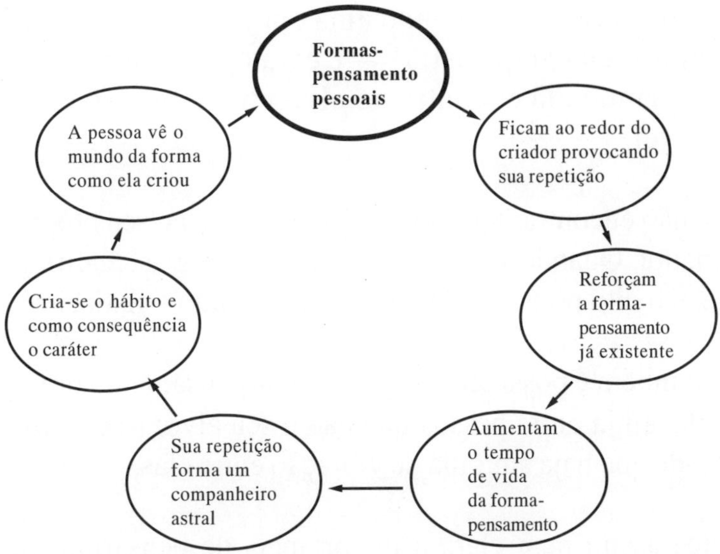

A ilustração acima mostra o caminho percorrido por uma forma-pensamento pessoal até criar um companheiro astral, e o círculo vicioso que surge durante esse processo.

Outro tipo de forma-pensamento, bastante comum mas não tanto quanto a pessoal, é aquela que projetamos sobre uma ou várias pessoas. Do mesmo modo que as pessoais, também as *formas-pensamento projetadas* podem ser de natureza positiva ou negativa.

As formas-pensamento projetadas ficam pairando sobre o alvo, aguardando uma oportunidade para entrar no seu campo astral — e essa oportunidade surge quando ela encontra no alvo uma vibração compatível.

Se não encontrar terreno fértil, ela voltará ao seu próprio criador. Quando se trata de energias negativas, reafirma-se aí o dito popular: "O feitiço virou contra o feiticeiro".

E também é possível que uma forma-pensamento projetada atinja outra pessoa que não o seu alvo; isso, claro, desde que haja sintonia de vibração entre elas.

Fica assim bem clara a importância de pensarmos de maneira positiva e elevada. Além de sermos beneficiados pelos nossos próprios pensamentos, podemos reforçá-los com todos os outros pensamentos positivos que pairam no mundo todo, pois estaremos vibrando na mesma faixa. É como se estivéssemos sintonizados no mesmo canal.

Os pensamentos negativos, por sua vez, causam toda sorte de problemas compatíveis com a força da energia criada e descarregada em seus alvos. Não pode haver melhor antídoto e escudo de proteção para todo ser humano do que um modo positivo de pensar, tanto em relação a si próprio quanto aos demais.

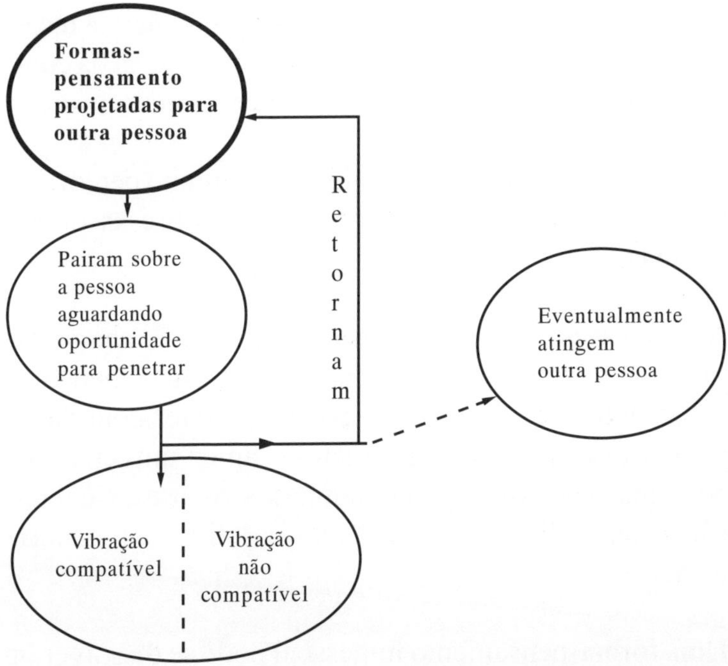

Podemos criar formas-pensamento que, na proporção da energia empregada, formarão entidades astrais com maior ou menor independência — semi-inteligentes, portanto — que carregam em si a determinação de realizar o objetivo para o qual foram criadas.

O pensamento é uma arma fantasticamente poderosa, tanto para a destruição como para a construção. Através do livre-arbítrio, nós humanos podemos escolher a energia que queremos empregar, sem nunca esquecer que as conseqüências positivas ou negativas dessa energia recairão sobre seu criador, pois a infalível lei universal da compensação se encarrega de fazer os ajustes necessários.

A figura da página anterior mostra o caminho percorrido pelas formas-pensamento projetadas sobre as outras pessoas.

Além desses dois tipos, existem também as chamadas *formas-pensamento impessoais*, que dizem respeito aos pensamentos e sentimentos coletivos, quer com carga positiva ou negativa, tais como o amor universal, os pensamentos altruístas e humanitários, as artes, ciências, filosofias, religiões, as emoções coletivas e a histeria de massa.

Uma forma-pensamento impessoal pode se dissolver ou ser absorvida por uma ou mais pessoas. Quando esses pensamentos são elevados e contínuos, a pessoa que os absorve conecta-se a centros de pensamento refinados para onde se dirigem energias similares.

Também é possível que as formas-pensamento impessoais estejam mais ligadas às emoções coletivas — como, por exemplo, a comoção generalizada com o assassinato de John Kennedy e o trágico acidente de Ayrton Senna, a paranóia dos anos da Guerra Fria e da corrida armamentista, a onda de atentados terroristas no mundo todo e tantos outros fatos que afetam um grande número de pessoas.

Nesses casos, as formas-pensamento impessoais se ligarão à massa de emoções que já está flutuando no campo astral de cada um de nós, e facilmente nos poremos em contato com elas e por elas seremos influenciados.

A emoção encadeada de várias pessoas que se ligam num mesmo movimento é absorvida pela energia das formas-pensamento impessoais, fazendo-as ganhar uma força extraordinária — quando se trata de energias negativas, podem causar danos irreparáveis.

Mas, como em tudo o que existe, ao lado do aspecto negativo há sempre o aspecto positivo.

Quando positivas e geradas por um grande número de pessoas, as formas-pensamento impessoais podem realizar verdadeiros milagres em todos os que estiverem em sintonia com esse amplo reservatório de energias. É muito comum encontrarmos esse tipo de ocorrência nos chamados Lugares Santos, visitados por muitas pessoas que emitem pensamentos e sentimentos similares.

A esse tipo de pensamento coletivo dá-se o nome de *egrégora*. Uma egrégora pode durar séculos ou até milênios, influenciando todos aqueles que se puserem em contato com sua energia.

Você agora percebe a importância de manter vigilância sobre seus sentidos, guiando-os na direção positiva e correta daquilo que pensa e sente. Pois você tem a capacidade e o livre-arbítrio para construir, com matéria sutil ou grosseira, seus corpos astral e mental.

Podemos influenciar a vida dos nossos semelhantes com a poderosa arma do pensamento. Veja quanta responsabilidade cada um de nós carrega consigo. Além de influenciarmos nossa vida presente, ainda influenciaremos toda a nossa vida após a morte física deste corpo que hoje habitamos.

Capítulo 4

A vida depois da morte

A vida é a realidade e o mistério. A vida permanece. A vida é o fio de fogo que permanece através de todas as manifestações da matéria. Eu sei. Eu sou vida. Eu vivi dez mil gerações. Eu vivi milhões de anos. Eu habitei muitos corpos. Eu, o habitante desses muitos corpos, permaneço. Eu sou vida. Eu sou a chama inextinguível, sempre a brilhar e a assombrar a face do tempo, sempre a trabalhar minha vontade e a descarregar minha paixão sobre os agregados terrenos de matéria, chamados corpos, que transitoriamente habitei. O espírito é a realidade que permanece. Eu sou espírito, e eu permaneço.

Jack London, "O Andarilho das Estrelas"

Agora que já apresentei os sete corpos que nos compõem, as peculiaridades da quarta dimensão e o poder das formas-pensamento, podemos especular sobre o grande enigma da morte e as condições que nos aguardam além dela.

Os temas abordados nos três primeiros capítulos são fundamentais para a compreensão do que vamos discutir agora; são as peças-chave para entendermos aquilo que denominamos "morte" e que, na realidade, não passa de uma transformação, de um novo estágio no nosso processo de evolução.

A morte não é um castigo ou punição que sofremos ao final desta vida encerrada num corpo físico, limitada às condições da terceira dimensão.

Temida, reverenciada, odiada, lamentada ou aceita com serenidade — mas sempre inescapável —, a morte confere a igualdade absoluta a todos os seres humanos, rompendo o laço que sustenta a presença física.

Acredito que quando a morte chega, a vida, pelo menos de início, não será muito diferente daquela que está sendo deixada para trás. No começo dessa nova etapa que iremos vivenciar, o foco da consciência se transfere do estado de vigília (corpo físico) para o corpo astral (na quarta dimensão, portanto).

Já vimos que o corpo físico e o corpo etéreo — seu prolongamento natural — possuem sete diferentes estados de matéria: sólido, líquido, gasoso, etéreo, superetéreo, subatômico e atômico. Do mesmo modo, também o corpo astral possui sete diferentes estados de matéria que vão do mais denso ao mais sutil. Assim, quando ocorre a morte física, o foco da consciência irá se localizar na parte mais densa do plano astral, à qual chamamos de "primeiro subplano" e que, conseqüentemente, está mais próxima do plano físico.

A maioria das pessoas não se dará conta de que o laço com o corpo físico foi rompido. Nessa condição, embora possua uma visão astral e não mais uma visão física, o "morto" continuará a reconhecer e identificar todos os indivíduos e objetos do seu cotidiano. Como isso é possível?

Sabemos que todo ser humano tem um corpo astral e que todo objeto tem um contorno, uma certa forma. Além dessa forma física, vimos que todas as coisas possuem um corpo etéreo, sejam elas objetos, plantas, animais, seres humanos ou barras de aço. E além desse corpo etéreo, todas as coisas também possuem um corpo astral, cujo nível de organização vai desde o mais simples (nos objetos) até o extremamente complexo (no ser humano). No caso de um objeto qualquer, a matéria astral se adapta aos seus contornos físicos, de modo que, se sua forma se modificar, essa matéria se adaptará à nova condição. Se esse objeto for queimado ou desintegrado, a matéria astral que se desprender retornará ao campo de matéria correspondente.

Já no caso do ser humano isso não ocorre. Nosso corpo astral é altamente organizado e não se altera, seja pela perda de todo o corpo físico através do fenômeno da morte, seja por perda de algum órgão ou membro. Prova disso é a pessoa que teve um membro amputado e ainda o "sente" após muitos anos.

Apesar de não mais possuir um corpo físico, a pessoa que "morreu" continua se movimentando e agindo como se ainda o possuísse. Sua percepção do tempo e do espaço permanece praticamente inalterada, uma vez que sua consciência, embora no plano astral, está focada muito próximo da matéria densa.

O corpo físico e o corpo etéreo, deixados na face da Terra, entrarão em processo de decomposição; esta será gradual, quando a pessoa é enterrada, ou rápida, se houver cremação. Muitos povos e religiões adotam a cremação dos corpos acreditando que esse processo, além de ser mais higiênico, contribui para que a alma (o corpo astral) se desligue integralmente dos corpos físico e etéreo. Com a cremação, seriam rompidos mais rapidamente todos os vínculos e apegos com a parte física que a pessoa deixou para trás. De qualquer maneira, devemos ter o máximo respeito pelas razões e a forma como os vivos decidem realizar esse ato, seja pelas tradições, seja pela recomendação deixada pelo próprio "morto".

Mas, antes de começar sua jornada após a morte física, no momento em que a alma vai se desligar dos corpos físico e etéreo, por mais rápido que seja esse rompimento, a pessoa verá passar diante de si, como um filme, toda a vida terrena que está chegando ao seu final. Como um espectador neutro e impassível, ela assistirá, numa fração de segundo, a tudo o que viveu e será o juiz dos seus próprios atos. Lembrando da relação tempo, espaço e velocidade que é possível no campo da quarta dimensão, podemos compreender esse momento que antecede o rompimento entre esta vida e aquela que vai começar.

Logo após a morte, com a consciência focada no primeiro subplano do campo astral, a pessoa emerge de um estado de sonolência e continua a levar a mesma vida que levava, pois tudo continua lhe parecendo familiar: os parentes, os amigos, os objetos. Com sua visão, agora astral, ela identifica cada pessoa, cada coisa. Se levava uma vida ativa, talvez continue realizando os mesmos atos que até então compunham o seu cotidiano.

Mas aos poucos começa a perceber que ninguém lhe responde quando ela diz alguma coisa; sequer lhe dão atenção. No entanto, quando nós "vivos" dormimos, nosso corpo astral penetra na quarta dimensão e ali a comunicação entre nós e o "morto" se processa naturalmente.

Ao acordar, o "vivo" eventualmente relembra esse contato e, para ele, foi um sonho. Um sonho que tanto pode ter um significado claro, como parecer confuso e desconexo — o sono, os sonhos e todas as circunstâncias que podem afetá-los mereceriam um capítulo à parte para explicar as circunstâncias que interferem nos mesmos.

Essa condição, que poderá durar algum tempo, dá ao "morto" a sensação de que também ele sonhou. A diferença é que, quando nós dormimos, para o "morto" é como se estivéssemos acordados, pois ele consegue manter uma comunicação normal conosco; mas nós, ao acordarmos, não temos como nos comunicar com ele, porque esse contato só é possível entre os corpos astrais.

Aos poucos, o “morto” começa a perceber as condições da quarta dimensão e vê que seu novo “corpo” é capaz de atravessar paredes, rochas, montanhas, enfim, todas as coisas sólidas. Ele percebe que não precisa mais caminhar para chegar até os lugares aonde deseja ir. Ele caminha pelo ar e se desloca em altíssima velocidade; percebe que a água e o fogo não mais o afetam; não precisa falar para se comunicar, pois agora tem o dom da telepatia. E então percebe que está numa outra condição.

Dá-se conta de que não mais pertence a este plano da Natureza e começa a perceber o plano astral em que se encontra. Nota que seus limites são diferentes, bem mais amplos do que na Terra. Aos poucos observa que, quando pensa, a imagem pensada se forma imediatamente à sua frente; isso porque as partículas de matéria existentes no plano astral respondem à vibração e se deslocam do oceano em que se encontram. A diferença é que, nessa condição, tais formas podem ser vistas.

Nesse estágio da vida após a morte, a pessoa visualiza as formas-pensamento que construiu durante sua vida terrena. E elas serão suas companheiras nesse plano da Natureza. Funcionando como uma espécie de Inferno, Purgatório ou Paraíso do catolicismo, as formas-pensamento lhe trarão prazer ou desprazer, pois variam das mais belas às mais horrendas em função do tipo de vida que a pessoa levou na Terra e, portanto, daquilo que construiu com o seu livre-arbítrio. É então que ela compreende aquele provérbio chinês, "O homem é o que ele pensa".

Dependendo da qualidade de sua vida terrena, o "morto" permanecerá por mais ou menos tempo em cada um dos sete subplanos do mundo astral, para despotencializar a energia compatível com o campo de matéria em que se encontra e enfraquecê-la até que se dissolva e retorne ao oceano ao qual pertence. Também as formas-pensamento que criou durante sua vida vão se enfraquecendo à medida que o "morto" se eleva aos planos mais sutis.

É desse modo que o ser humano vai deixando para trás suas roupagens, vai se desvestindo e tornando-se cada vez mais leve. Desliga-se gradualmente das coisas deste mundo físico que abandonou e começa a viver com intensidade o mundo astral, onde encontrará possibilidades muito maiores do que aquelas de que dispunha na face da Terra.

Poderá pesquisar, estudar e aperfeiçoar tudo aquilo que já praticou ou desejava praticar em sua vida física; poderá conviver e aprender com os habitantes mais experientes do plano astral; poderá contemplar a beleza dos devas e anjos (seres em outro estágio de evolução), das formas e das cores; sentirá a leveza e a amplidão do seu corpo, desfrutando de uma liberdade indescritível; não sentirá fadiga, nem fome, sede, frio ou calor; poderá forjar o seu próprio cenário, pois as partículas do plano astral respondem prontamente à mais fugidia vibração do seu pensamento.

À medida que for galgando novos subplanos do mundo astral, a relação de tempo e espaço se reduz na razão da velocidade em que as coisas vão se processando. (Lembre apenas que a velocidade da quarta dimensão não tem nada a ver com a pressa cheia de ansiedade que parece dominar nossa vida aqui na terceira dimensão.)

"Eu via meu corpo morto..."

Há algum tempo, assisti na TV a uma entrevista com o Dr. Raymond A. Moody Jr., médico e doutor em filosofia pela Universidade de Virgínia, autor do esplêndido livro "Vida depois da Vida". Nessa entrevista, ele comentava os estudos que realizara com pessoas que tinham sido declaradas clinicamente mortas pelos médicos na sala de cirurgia e depois retornaram à vida.

Várias dessas pessoas prestaram depoimento, contando suas experiências nos momentos em que viveram entre esta vida e aquela que seria sua continuação após a morte.

Percebi a grande semelhança entre minhas crenças pessoais e os resultados a que cheguei com minhas pesquisas e os estudos conduzidos pelo Dr. Moody.

De modo geral, aquelas pessoas contaram que, no instante em que sua morte clínica foi declarada, ouviram um zumbido forte, ou som de sinos, e então entraram num túnel longo, escuro e estreito.

De repente se sentiram fora do corpo físico e perceberam que estavam junto ao teto da sala de cirurgia, observando o próprio corpo e as tentativas dos médicos para reanimá-las.

Depois viram uma luz muito brilhante, vinda de um Ser que as aceitava com imensa bondade e amor incondicional.

Esse Ser lhes pedia que reexaminassem toda a sua vida, desde o nascimento até aquele instante — e elas assistiam ao exame, imparciais. Toda essa "recapitulação panorâmica" ocorria de modo simultâneo e instantâneo, mas com imagens vívidas e reais, como holografias ou realidade virtual.

Imbuídas dos mais profundos sentimentos de amor, paz e alegria, elas relutavam em abandonar aquele plano em que se encontravam. Porém, pelas razões mais diversas, como o amor pela família, acabaram voltando ao corpo físico — voltando a esta vida.

Certa vez, no intervalo de um congresso em Porto Alegre, eu conversava sobre problemas cardíacos com um vendedor de equipamentos médicos quando ele, de repente, me perguntou se eu acreditava na existência de uma vida após a morte física.

Percebi que o assunto era de importância fundamental para ele. Respondi que sim, que acreditava, e então ele me contou o que tinha lhe acontecido aos 19 anos de idade. Uma história que nunca mais esqueci.

Num domingo, saí de manhã com meu irmão para jogar uma partida de vôlei num clube do Rio de Janeiro. Logo no começo do jogo, saltei junto à rede para dar uma cortada e simplesmente caí morto no chão. Mas eu via todos eles me olhando, aturdidos, assustados. Meu irmão correu para junto de mim, senti que ele procurava o meu pulso e gritava que eu estava morto. Ele ficou desesperado, chorando como um louco e começou a socar o meu peito, gritando: "Não faça isso comigo, o que é que vou dizer para a mamãe?"

Nessa altura, vi o médico do clube abrir passagem entre a multidão que se formara à minha volta, ele empurrou meu irmão para o lado e começou a massagear o meu peito com movimentos fortes. E eu voltei à vida.

Enquanto estive "morto", enquanto o meu corpo estava caído no chão, eu assistia à cena toda, pairando alguns metros acima, num estado de leveza, numa sensação de liberdade sem igual.

Atrás de mim havia um brilho intenso. Minha atenção vacilava entre a cena na quadra e aquela luz maravilhosa e radiante que eu vislumbrava. Assistia à massagem do médico sobre meu tórax e, de um ponto de vista inusitado, vacilava entre voltar e ir para a luz, aí olhei para a luz mais uma vez e decidi entrar de novo no meu corpo físico.

O fato é que aquele homem fora ressuscitado após uma morte súbita causada pela parada do coração; nesses casos, a vítima tem um máximo de 3 a 5 minutos para ser reanimada.

Carl C. Jung certa vez sofreu um ataque cardíaco. Ele relata ter se sentido fora do seu corpo, no espaço, de onde podia ver os continentes banhados pelos mares azuis e as neves eternas do Himalaia. Retornando ao corpo, declarou que aquela visão tinha sido a mais fantástica de toda a sua vida.

A segunda morte

De degrau em degrau, a pessoa chegará ao sétimo e último subplano do mundo astral. É ali que ocorrerá a sua segunda morte — ela deixará para trás a alma e ingressará no mundo mental, onde terá início um outro estágio. A alma, por sua vez, se desintegrará e aos poucos retornará ao seu próprio campo de matéria.

Ao passar pela segunda morte e desligar-se da sua alma, a pessoa ingressará no campo mental, restando-lhe portanto o último laço que mantém a conexão entre seu verdadeiro Eu e a personalidade que aos poucos vai sendo deixada para trás. Tal como uma roupa que foi usada durante vários anos, envelhecendo através das experiências adquiridas, vivenciando o espetáculo da vida, a personalidade já cumpriu seu papel e aos poucos vai sendo descartada — como se sua única finalidade fosse servir de ferramenta para uma temporada de apresentação do eterno Eu.

Planos da Natureza

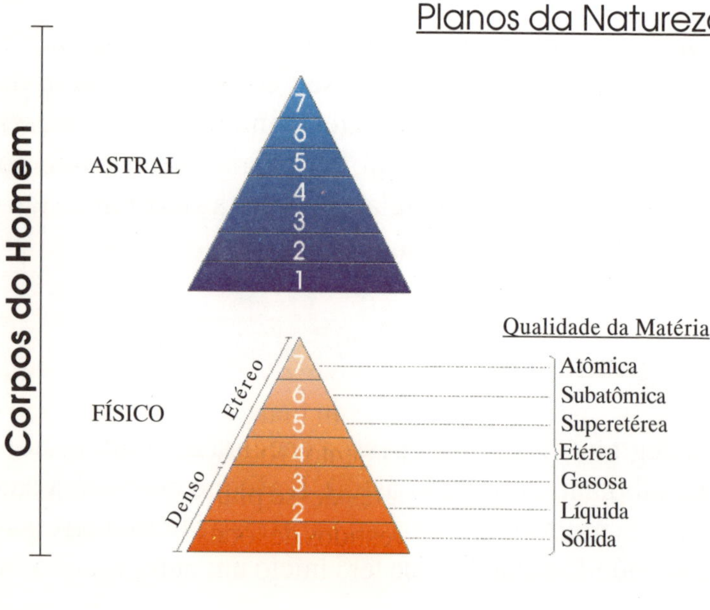

No plano mental não cabem pensamentos que não sejam de natureza superior, e a pessoa experimenta uma leveza e felicidade que palavra alguma poderia descrever.

Nesse plano, ela poderá conhecer a história da sua vida tal como de fato se passou, pois tudo está ali registrado, e poderá vivenciá-la como cenas de uma realidade virtual. Conhecerá suas vidas passadas, a lição a ser aprendida de cada uma delas, a razão dos seus karmas, das suas vitórias e fracassos.

Vislumbrará a beleza e o refinamento das cores e dos sons, a formosura dos devas que habitam esse plano, os maravilhosos corpos dos outros seres. Sentirá uma paz contínua e inabalável.

Nesse estágio, a percepção de tempo e espaço praticamente não existe, pois tudo ocorre de maneira simultânea e instantânea. É como se a pessoa tivesse sempre uma visão de 360 graus de todas as coisas e do mundo que a cerca.

A matéria desse campo, muito mais sutil do que a matéria do campo astral, responde com mais rapidez e precisão a todas as vibrações do pensamento. Todas as coisas são vistas sem máscaras. Os habitantes desse plano se mostram tais como realmente são, desvestidos de todas as vaidades, paixões, emoções e quaisquer pensamentos impuros.

Também o plano mental é dividido em subplanos. Desse modo, ao abandonar a alma no plano astral, a pessoa ingressa no primeiro subplano do campo mental.

Mas agora ela encontra uma diferença: enquanto os planos físico/etéreo e astral possuem, cada um, sete subplanos, no plano mental há somente quatro subplanos nos quais tudo o que existe ainda possui forma. (Os três

Planos da Natureza

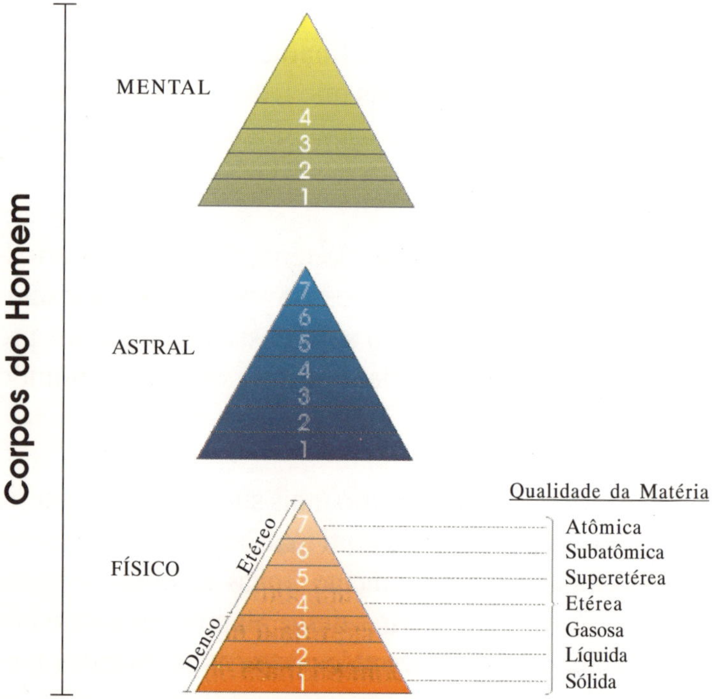

subplanos seguintes pertencem ao mundo sem formas, ao mundo das causas.)

E assim a pessoa continua sua jornada, sempre se elevando de subplano em subplano, deixando em cada um deles uma peça da personalidade que habitou durante mais uma de suas vidas.

A terceira morte

Finalmente ela atinge o quarto e último subplano do mundo mental e ali deixa seu último fragmento — esta é a sua terceira morte, e tudo o que lhe resta é o verdadeiro Eu, sua parte eterna e indestrutível.

Note que o quarto e último subplano do campo mental é o ponto máximo que um ser humano pode alcançar nos planos da Natureza. Corresponde ao nosso atual estágio evolutivo, de vez que até aqui já conquistamos quatro reinos da Natureza: mineral, vegetal, animal e humano. Resta-nos conquistar ainda três reinos para completarmos a Grande Jornada.

Com a terceira morte, a parte divina do ser humano (formada pelos corpos mental abstrato, búdico e átmico) ingressa no mundo das causas, no mundo sem formas, e assim completa mais um capítulo de sua vida, somando as experiências adquiridas. E então repousa por algum tempo, numa espécie de sono inabalável.

A reencarnação

Nesse sono inabalável, nessa dimensão onde não haverá tempo nem espaço, o Eu repousa com as experiências adquiridas em todas as vidas que já viveu.

Todas as qualidades boas e positivas, resultado de seus erros e acertos na escola da vida, se eternizam como tesouros do Eu, que vai se iluminando cada vez mais à medida que habita e deixa uma personalidade, aprendendo as lições ensinadas por aquela existência.

De forma latente, o Eu carrega consigo os três átomos primordiais, pertencentes aos corpos mental, astral e físico, que guardam as tendências de tudo aquilo que a pessoa sentiu, pensou ou praticou nas vidas anteriores e naquela que acabou de deixar para trás.

Sua parte eterna, o verdadeiro Eu, num impulso irresistível dado pela lei universal da evolução, irá projetar-se mais uma vez. Vestirá uma nova roupagem, um outro invólucro, sua nova personalidade, seu novo nome, e com eles se identificará.

Reiniciando uma nova etapa, o Eu começa a "descer". Projeta-se no plano mental, aglutinando ao seu átomo primordial todos os átomos que se encontram nesse campo de matéria e que são compatíveis com a sua forma de pensar segundo as tendências que carrega consigo. E na quantidade precisa para formar seu novo corpo mental concreto.

"Desce" um pouco mais nos planos da Natureza e chega ao campo astral, onde ocorre o mesmo processo de aglutinação. O átomo primordial do corpo astral atrairá aqueles átomos compatíveis com as emoções e sensações vividas, principalmente na última vida que deixou, formando assim a sua alma.

Aos poucos, o Eu vai se limitando na matéria, envolvendo-se em corpos mais densos. Projeta-se um pouco mais e adquire um corpo etéreo, já se preparando para (re)nascer num corpo físico.

Mais uma vez enfrentará um túnel estreito e escuro, o útero materno. E então se encontrará neste plano da terceira dimensão, na face da Terra, no país, na família e no corpo que merecer — pois cada ser humano está sujeito ao karma coletivo da humanidade, ao karma do país natal, ao karma da sua família e ao seu próprio karma.

Dessa forma, a lei universal do karma — ou lei de causa e efeito — dará a cada um de nós na nova vida o lugar que fizemos por merecer. Um lugar conquistado pelos nossos próprios méritos, pelo nosso livre-arbítrio. É assim que participamos de *Samsâra*, a Roda da Vida.

Samsâra, a Roda da Vida

Nesse ciclo de mortes e renascimentos, ainda sem a consciência absoluta que um dia haveremos de conquistar, peregrinamos de vida em vida com os "olhos fechados".

Com a primeira morte, deixamos os corpos físico e etéreo e seguimos para o plano astral, onde vivenciamos sete subplanos. Após vivenciar o sétimo e mais sutil, passamos pela segunda morte e nos desligamos da nossa alma para ingressar no mundo mental.

Passamos pelos quatro subplanos do mundo mental e, após repousarmos no mais sutil deles, vivenciamos a terceira morte, deixando nosso corpo mental concreto para ingressar com nosso Espírito, nosso verdadeiro Eu, no mundo das causas.

Após repousarmos num estado de eternidade, somos impulsionados pela lei universal da evolução e despertamos para uma nova etapa de vida.

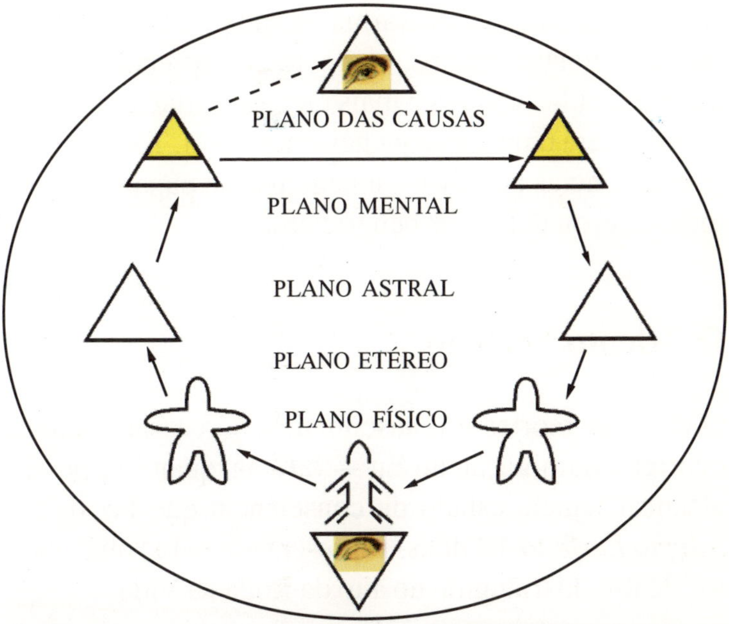

Projetamo-nos do plano sem formas, o mundo das *causas*, para o plano da forma, o mundo dos *efeitos*, e passamos pelos subplanos do mundo mental a fim de condensar a matéria que irá compor nosso novo corpo.

Fazemos o mesmo no mundo astral, e em seguida ganhamos os corpos etéreo e físico, renascendo para esta vida e assim completando o ciclo de mortes e renascimentos.

Causa e efeito. A lei do karma. A cada volta do ciclo de mortes e renascimentos, compete-nos aprender a lição que nos coube, cada vez mais cientes de que tudo o que fazemos terá uma conseqüência inevitável. Todo ato tem conseqüências positivas ou negativas, e pagaremos por todas elas ou delas nos beneficiaremos.

O Adepto Perfeito

O ciclo de mortes e renascimentos só cessará quando ocorrer a iluminação do Eu — ou seja, quando a pessoa alcançar aquele estado de consciência que faz dela o *Adepto Perfeito*, o "deus" representado pelo "olho aberto" dentro do triângulo no alto da Roda da Vida.

Quando alcança a condição de Adepto Perfeito, a pessoa pode escolher entre interromper o ciclo de *Samsâra*, permanecendo no Mundo das Causas até que se inicie um novo sistema evolutivo, ou então participar conscientemente do atual plano de evolução, auxiliando outros seres humanos a alcançar a condição que ela já conquistou.

Alcançar esse estado lhe permitirá ter a mesma consciência em todos os planos da Natureza, não importando mais o corpo que utilizar, pois poderá participar dos três mundos (físico, astral e mental) sem sofrer interrupção de consciência. Poderá ainda se deslocar para qualquer um desses planos quando assim o desejar ou necessitar, através dos seus corpos astral e mental, bastando-lhe transferir o foco de sua consciência.

Consciente dos três planos da Natureza, o Adepto Perfeito não mais terá a sensação de uma separação entre o mundo divino e o mundo terreno. Terá lembrança total de todas as vidas que viveu, pois os veículos que irá utilizar para se manifestar nesses planos estarão harmonizados com o seu verdadeiro Eu.

Nessa jornada que se inicia no momento em que abandona seu corpo físico e ingressa no mundo da quarta dimensão, todo ser humano estará acompanhado de outros seres que habitam esses planos da Natureza — os vivos durante o sono, os Adeptos Perfeitos e seus discípulos, as pessoas que já deixaram o corpo físico, os devas e vários outros seres e formas que habitam essas dimensões.

Dependendo do estágio evolutivo e do grau de consciência pessoal, cada um de nós poderá se deter por mais ou menos tempo num e noutro plano; poderá passar conscientemente por alguns deles, e noutros simplesmente repousar num estado de sonolência, ainda assim desfrutando o prazer e a paz inabaláveis dessa condição.

A pessoa menos evoluída, ao ingressar no plano astral, talvez vivencie seus primeiros subplanos de maneira consciente e depois faça o restante da jornada até o Eu num estado de grande sonolência.

Já a pessoa mais evoluída, com maior grau de consciência, poderá fazer toda a jornada de maneira consciente até se recolher em seu corpo causal à espera do momento de retornar para a Terra.

Quanto maior o grau de evolução da pessoa, menos tempo ela se deterá no plano astral e mais tempo no plano mental, onde passará a maior parte da sua vida.

O indivíduo que levou uma vida voltada para as coisas fúteis, apegado aos bens materiais, à luxúria, ao vício das drogas e da bebida, além de outros valores de natureza inferior, passará conscientemente uma grande parte da sua vida após a morte nos primeiros subplanos do mundo astral, para despotencializar a matéria grosseira que impregnava a vida física que há pouco deixou.

Mas isso não quer dizer, de modo algum, que todo indivíduo que conquistou bens materiais para desfrutar de um certo conforto, ou que vez por outra tome seu copinho de vinho ou de cerveja, venha a passar grande parte da sua vida após a morte nos subplanos inferiores do mundo astral — o objetivo maior é a busca do equilíbrio entre emoção e razão, para que possamos alcançar o caminho do Adepto Perfeito.

As pessoas que, de uma forma ou de outra, deram algo de si pela humanidade sem esperar recompensa ou contribuíram com seu trabalho (ou simplesmente com seu modo de ser e agir) para o bem-estar dos outros e da própria Natureza, certamente aproveitarão ao máximo os planos da quarta dimensão.

O fato de algumas pessoas serem mais evoluídas do que outras não significa que aquelas sejam superiores e estas, inferiores. Significa apenas que as pessoas menos evoluídas chegaram mais tarde a esta etapa evolutiva em que nos encontramos. O grau de evolução e de consciência de uma pessoa não pode, nem deve, ser medido pelas aparências.

À medida que evolui e se conscientiza da sua condição e do seu lugar no Universo, aprendendo a conhecer e se harmonizar com as leis universais e as leis da Natureza, o ser humano irá aos poucos lapidando o quaternário que simboliza a sua personalidade, deixando-a cristalina e transparente.

Com isso, ele a transforma no triângulo inferior que se unirá ao triângulo superior, o Eu verdadeiro que cada ser humano traz dentro de si. E então alcançará os planos

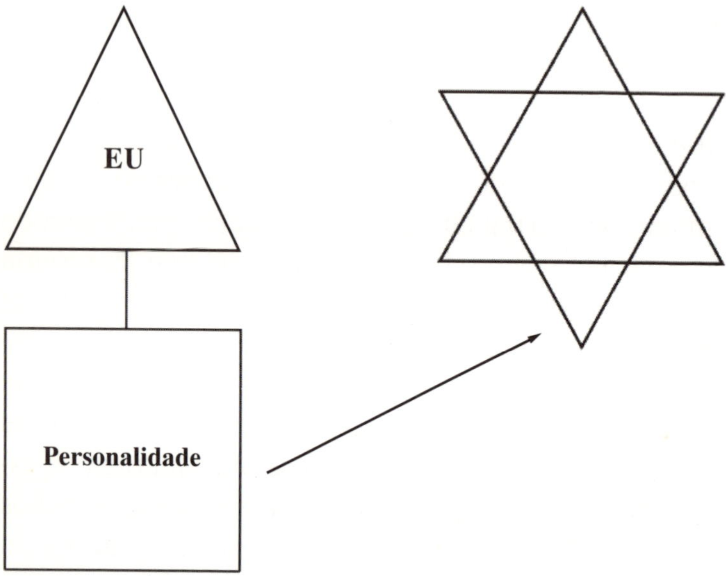

mais elevados. Chegando ao plano búdico, sua consciência se ampliará de tal modo que todas as outras consciências estarão nela contidas. E ao alcançar o plano átmico, o ser humano se encontrará no plano da Criação, e então será co-criador, será um Deus.

Capítulo 5

"Eu tenho uma pergunta"

Quando somos tão ignorantes da vida, podemos conhecer a morte?

Confúcio

Dentre as muitas perguntas que me são dirigidas durante meus seminários e palestras, destaquei as mais freqüentes e que me parecem mais significativas. Acredito que sejam questões praticamente universais, que não dependem da religião e das crenças pessoais de cada um de nós.

- *Se o verdadeiro Eu de cada ser humano é eterno e indestrutível, por que ele precisa habitar um corpo físico para vir a conquistar sua iluminação, sua consciência?*

Num determinado momento da Criação, nosso verdadeiro Eu, nossa parte eterna, se *individualiza* do oceano de matéria cósmica a que chamamos de Deus — tal como uma criança quando nasce aqui na Terra e inicia toda uma vida na qual irá aprender certas lições, acumular experiências e ganhar consciência, sem com isso perder o vínculo com seus pais.

Essa criança tem vida própria, mas no início é incapaz de cuidar de si mesma. Aos poucos, à medida que vai crescendo, ela aprende a andar e a falar e depois, quando vai ganhando maturidade, começa a aprender o que é certo e o que é errado. Gradativamente aumenta o seu grau de consciência e de independência.

O mesmo ocorre com o Eu eterno. Enquanto habita o seio da Eternidade de forma *desindividualizada*, ele é incapaz de conscientemente atribuir valor às coisas que estão manifestas.

Como poderia ele distinguir o dia da noite se vive a Eternidade do tempo sem nunca experimentar a interrupção da luz pelas trevas?

Como poderia conhecer o Belo se desconhece o que é feio?

Como poderia distinguir o certo do errado se vive em eterna neutralidade?

Ele é um Deus, mas, em seu estado de pureza, neutralidade e eternidade, não sabe que é um Deus. É exatamente para poder saber que é um Deus que ele vem habitar um certo número de personalidades, de corpos físicos. Aqui na Terra ele aprende, vivencia todas as coisas manifestas, absorve e valoriza o Bom e o Belo, até reconquistar a pureza e o brilho de um raro diamante e transformar-se num Deus consciente de sua condição. E então saberá porquê ele sabe.

• *Se é assim, então existe um começo e um fim?*

O ser humano é capaz de admitir o Infinito, mas não consegue compreendê-lo com sua mente concreta. Exige um começo e um fim para tudo aquilo que está manifesto, esquecendo-se de que tudo está sujeito às transformações da lei da evolução, a qual encerra em si o ciclo de nascimentos e mortes.

A matéria da qual o Eu eterno, a Centelha Divina, se desindividualizou já existia de forma não-manifesta, em seu estado de eternidade onde não há tempo nem espaço.

Ao manifestar-se, essa matéria eterna entra em atividade, espargindo Partículas Divinas que iniciam uma longa jornada até alcançarem a iluminação consciente e se transformarem, cada uma delas, em um Deus que terá o poder de co-criar, de auxiliar o sistema evolutivo do sistema onde habita.

Tanto pode ser este nosso Sistema Solar quanto outros sistemas evolutivos, em outros tempos, em outros sistemas solares.

E esses sistemas também terão um começo e um fim, e *o finito se explicará pela sucessão infinita de coisas e tempos finitos.*

- *Se vivemos muitas vidas, em muitos corpos, por que não temos lembranças claras e conscientes dessas nossas vidas passadas?*

A cada vida que vivemos, nós nos identificamos com aquela personalidade específica, aquele corpo no tempo e no espaço, aquela determinada "roupagem" do Eu.

E essa roupagem é trocada a cada vida vivida pelo Eu, dela restando apenas, num nível fora do nosso alcance cotidiano, as "lições" das experiências que vivenciamos.

Esse esquecimento das vidas passadas continuará a ocorrer até que a pessoa conquiste a condição do Adepto Perfeito — aquele estado de perfeição no qual deixa de existir a idéia de separação entre uma vida e outra, entre o mundo divino e o mundo terreno.

• *Antes da concepção física propriamente dita, a fecundação do óvulo pelo espermatozóide, o ser humano pode "encarnar" nos outros planos da Natureza?*

Aos olhos do materialismo puro, essa pergunta seria absurda. Ela só pode ser considerada se acreditarmos na reencarnação e tivermos conhecimento e consciência das leis do karma e dos outros planos da Natureza.

A partir do momento em que essas leis, tal como tantas outras que regem o Universo e as nossas vidas, são aceitas naturalmente, há razão suficiente para admitirmos que existem milhares de almas no plano astral, num estado de "sonolência", aguardando o momento de incorporar a matéria mais densa e entrar novamente na terceira dimensão, encarnando num corpo físico.

• *De quanto em quanto tempo o Eu habita uma nova personalidade?*

Se levarmos em conta as inúmeras variáveis na vida de uma pessoa, acredito que nem devemos tentar determinar o tempo que decorre entre uma vida terrena e a seguinte. Há um sem-número de fatores que contribuem para a duração da estada do ser na quarta dimensão. Contudo, podemos admitir que esse intervalo será muito maior do que o tempo médio de uma vida na face da Terra — é possível que a jornada de ida e de volta na Roda da Vida, *Samsâra*, seja bem demorada. Afinal, é preciso enfraquecer e despotencializar a matéria em cada subplano da Natureza, para que a personalidade vá se dissolvendo e o Eu vá se desvestindo. O mesmo caminho é percorrido na jornada de regresso, quando o Eu "desce" de plano em plano, aglutinando e absorvendo a matéria de cada um deles, até estar pronto para reencarnar num corpo físico.

• *Quantas vidas são necessárias para conquistarmos a Iluminação, a consciência de um Adepto Perfeito?*

Segundo os ensinamentos transmitidos pela Ciência Iniciática das Idades — ou seja, a Teosofia —, são necessárias 777 vidas para alcançarmos a iluminação que irá nos conferir a condição de Deuses.

À primeira vista, esse número pode parecer excessivo e até desanimador, mas devemos ter presente que para chegarmos ao estágio evolutivo em que estamos hoje, foram necessárias muitas e muitas vidas e um longuíssimo tempo de peregrinação neste planeta, neste sistema solar.

Além disso, o que são mil ou dez mil ou um milhão de anos na vida do Universo? Praticamente nada. E se pensarmos no mundo da quarta dimensão, chegaremos à conclusão de que mesmo um ou mais bilhões de anos nada significam para o Eterno.

De todo modo, cabe a cada um de nós, através do livre-arbítrio, reduzir ou alongar nossa jornada, pois podemos, numa única vida, conquistar a consciência de várias vidas.

Conclusão

Quanto maior a distância entre o que pensamos,
o que sentimos e o que fazemos, maior e
mais árdua será a batalha interior para
alcançarmos o equilíbrio.

W.B.

O planeta Terra, da mesma forma que o ser humano, possui um corpo físico, um corpo etéreo, um corpo astral e um corpo mental, bem como sua parte espiritual, seu Eu Superior. A Terra age, reage, evolui e interage com seus filhos, a humanidade inteira que ela hospeda em seu corpo, este belíssimo globo que tão bem conhecemos. Guardadas as devidas proporções, estamos para a Terra assim como as células estão para o nosso corpo.

A Terra transmuta sua alma e seu campo mental à medida que nós, seus filhos, evoluímos. Ela se ilumina quando nós nos iluminamos. Ela é um ser grandioso.

Seu corpo astral reflete a soma dos corpos astrais da humanidade e dos demais reinos da Natureza. Seu campo mental reflete todos os pensamentos de todos os seres humanos. Da mesma forma, o produto dessas grandezas se reflete na humanidade.

Cuidar desse grande ser é o mesmo que cuidar de nós próprios, pois todos fazemos parte de uma mesma e grandiosa Força que nos rege.

O Sol é um ser mais grandioso ainda — sua força de atração mantém em órbita os planetas deste sistema, sua energia os alimenta, sua força coordena seus movimentos de forma harmoniosa, tudo isso no pequenino espaço que ocupa num dos braços da Via Láctea, uma dentre as muitas galáxias do Universo.

No centro dessa galáxia haverá um ser mais grandioso e mais potente, uma Força Cósmica capaz de comandar e coordenar todas as coisas que orbitam ao seu redor. E o mesmo há de ocorrer nas milhares de outras galáxias espalhadas pela imensidão do Cosmo, com seus incontáveis sóis e planetas, abarcando outros sistemas de evolução.

No centro do Universo encontrar-se-ia a Causa das Causas. Estando em todas as partes, ela não está em parte alguma. É finita e infinita. Sendo Tudo, é Nada. Qualquer tentativa de explicá-la seria pura presunção, pois somos parte do Todo, estamos Nele e Ele em nós de forma fragmentada.

Em outras palavras, podemos dizer que uma gota d'água separada do oceano possui a consciência proporcional a uma gota, traz em si a essência do oceano, mas não é o oceano. Ela vive, aprende, enfrenta os desafios da Natureza, lapida-se, retorna à fonte de origem e então, sendo oceano, a gota compreende o Todo.

A chave para alcançarmos esse estado reside na busca do equilíbrio entre a emoção e a razão. O Caminho do Meio oferece ao ser humano a ponderação, a justiça, a humildade sem servilismo, o respeito e amor desinteressados pelo próximo, o amor por todos os seres vivos, a persistência para trilhar o caminho que deve ser trilhado, a coragem para enfrentar o que deve ser enfrentado, a inteligência para conquistar a sabedoria, a paciência para saber esperar.

Não devemos nos preocupar demais com o futuro, porque isso nos rouba momentos importantes e preciosos do presente — este sim, é a mais poderosa das armas de que dispomos para construir o amanhã.

O futuro nada mais é do que o reflexo daquilo que construímos ontem e hoje, com o auxílio das tendências trazidas de outras vidas e usando da liberdade que o livre-arbítrio confere a cada um de nós, dando-nos a oportunidade de escolher o caminho que vamos trilhar.

A preocupação excessiva com o futuro tira da pessoa a capacidade de se concentrar no momento presente, roubando-lhe a possibilidade de dar o melhor de si a cada momento, a cada instante. E isso, como que por ironia da própria vida, acaba prejudicando aquilo em que a pessoa mais pensa: o futuro, que simplesmente não existe sem o presente.

Não quero dizer com isso que não podemos sonhar ou imaginar as coisas boas da vida que poderão vir a ser realizadas. Acredito que a preocupação excessiva com o futuro é uma espécie de doença da alma e da mente, que em algum momento atingirá o corpo físico, tal como ocorre com a maioria das doenças.

E tampouco devemos permitir que o materialismo regado pelo consumo exacerbado e doentio "deste fim de ciclo apodrecido e gasto", como dizia o Prof. Henrique José de Souza, se transforme na maior fonte de prazer da nossa alma. Isso seria, por certo, a maior barreira para alcançarmos o equilíbrio. Tal atitude vai aos poucos modificando o ser humano, de tal maneira que ele, sem perceber, perde a sensibilidade. Tudo se transforma numa fonte de interesses, de poder, de exibição. Pessoas e objetos se transformam em joguetes dos seus desejos mais egoístas.

Não estou dizendo que não devemos ter ambições moderadas e necessárias para vivermos com dignidade e liberdade — ninguém pode pensar em buscar o equilíbrio entre razão e emoção sem antes atender suas necessidades básicas.

Buscar o equilíbrio entre razão e emoção não significa sufocar os desejos matando parte da nossa alma. Significa transformar nossos desejos através dos nossos pensamentos, da nossa mente, ouvindo o Deus interior que cada um de nós traz dentro de si. É aquela voz que, nos momentos de serenidade, nos indica o que devemos fazer, o que é certo e o que é errado.

As iogas, os mantras, os salmos, a meditação, além de outras práticas maravilhosas que nos foram legadas pela Sabedoria dos Deuses ao longo da eternidade, nos auxiliam a aprofundar esse estado de paz interior, abrindo as portas da alma e da mente para que o Deus interno, nosso Eu verdadeiro e indestrutível, encontre cada vez mais fértil o terreno da personalidade.

Se tudo o que foi dito neste livro lhe parecer ilusório, não creio que seja tão ilusório quanto este mundo em que vivemos.

Referências bibliográficas e sugestões de leituras

Albernaz, Paulo: *A Iniciação Humana*; Editora Parma, São Paulo, 1993.

Besant, Annie e C. W. Leadbeater: *Formas de Pensamento*; Editora Pensamento, São Paulo, 1995.

Besant, Annie: *O Homem e seus Corpos*; Editora Pensamento, São Paulo, 1995.

Blavatsky, H. P.: *A Doutrina Mística*; Editora Hemus, São Paulo, 1981.

— *A Doutrina Secreta*; Editora Pensamento, São Paulo, 1993.

— *Glossário Teosófico*; Editora Ground, São Paulo, 1995.

Capra, Fritjof: *O Tao da Física*; Editora Cultrix, São Paulo, 1988.

Carvalho, Sérgio de Souza: *Os Mestres da Terra*; Editora Hemus, São Paulo, 1992.

Hawking, Stephen W.: *Uma Breve História do Tempo*; Editora Rocco, Rio de Janeiro, 1988.

Jung, C. G.: *Memórias, Sonhos, Reflexões*; Editora Nova Fronteira, Rio de Janeiro, 1978.

Leadbeater, C. W.: *A Clarividência*; Editora Pensamento, São Paulo, s/d.

Leadbeater, C. W.: *Auxiliares Invisíveis*; Editora Pensamento, São Paulo, 1995.

— *O Homem Visível e Invisível*; Editora Pensamento, São Paulo, 1995.

— *O Plano Astral*; Editora Pensamento, São Paulo, 1995.

— *O Plano Mental*; Editora Pensamento, São Paulo, 1995.

— *O que há além da Morte?*; Editora Pensamento, São Paulo, s/d.

— *Os Sonhos*; Editora Pensamento, São Paulo, 1993.

Lemkow, Anna: *O Princípio da Totalidade*; Editora Aquariana, São Paulo, 1992.

de Luna, Mário Roso: *De Sevilha ao Iucatã*; Editora Arabutã, São Paulo, 1992.

Milhomens, Newton: *Fotos Kirlian — Como Interpretar*; Editora Ibrasa, 1992.

Moody, Dr. Raymond: *Vida depois da Vida*; Editora Nórdica, Rio de Janeiro, 1979.

Muldoon, S. J. e H. Carrington: *Projeção do Corpo Astral*; Editora Pensamento, São Paulo, s/d.

Pellegrini, Luis: *Madame Blavatsky*; T. A. Queiroz, Editor, Ltda., 1986.

Powell, Arthur E.: *O Corpo Astral*; Editora Pensamento, São Paulo, 1989.

— *O Duplo Etérico*; Editora Pensamento, São Paulo, 1993.

Rendel, Peter: *Os Chacras*; Editora Hemus, São Paulo, 1983.
Russell, Peter: *O Buraco Branco no Tempo*; Editora Aquariana, São Paulo, 1992.
Sociedade Brasileira de Eubiose: *A Natureza Secreta do Homem*; Editora Arabutã, 1994.
— *O Conhecimento Secreto do Homem*; Editora Aquarius, São Paulo, 1970.
— *O Despertar da Consciência*; Editora Aquarius, São Paulo, 1968.
de Souza, Helena Jefferson: *O Pequeno Oráculo*; Editora G. M. Couto, Rio de Janeiro, 1983.
de Souza, Henrique José: *O Verdadeiro Caminho da Iniciação*; Editora Alquimia, Rio de Janeiro, 1957.

Axis Mvndi Editora

Nossa casa editora traz o *eixo de mundo* em seu nome latino. Isso significa que quer, através do seu trabalho, estar conectada a esse eixo e colaborar com ele. Eixo do mundo é tudo aquilo que representa e simboliza uma ponte de união entre a terra e o céu, o mundo da matéria e o mundo do espírito. Acreditamos que tudo na vida do homem e do mundo acontece a partir dessa relação indissolúvel. Quanto mais essa relação é forte e efetiva, mais a existência é plena.

Vivemos hoje uma grande crise de civilização, de proporções mundiais, assinalando a transição entre dois macrociclos históricos — a passagem entre a Era de Peixes e a Era de Aquário, para usar a linguagem astrológica popular. Como um farol que sinaliza o futuro, a direção do eixo do mundo hoje aponta para uma mentalidade de convergência e integração dos quatro grandes pilares do conhecimento: ciência, arte, religião, filosofia. Cada um dos títulos que escolhemos para compor nosso catálogo está, de um modo ou de outro, fortemente relacionado com essa intenção de base.

Os Pés Alados de Mercúrio: Relatos de viagens à procura do *self*
Luis Pellegrini
192 páginas.
Escritor, editor e jornalista, ex-editor da revista Planeta e dono da Zipak Livraria, Luis Pellegrini relata suas viagens nos cinco continentes, às vezes como simples turista peregrino, outras ligadas ao

seu trabalho de jornalista. Cada jornada representa um passo importante no seu processo de autoconhecimento, demonstrando que a viagem no mundo exterior corresponde, de algum modo, à vida no mundo interior. E, ao mesmo tempo, toda aventura no mundo interior modifica nossa percepção do mundo exterior.

O Outro Lado da Alma: Lendo as imagens do inconsciente

Izabel Telles

Ilustrações de Guilherme Vianna

160 páginas.

Bem-sucedida profissional de propaganda e marketing, Izabel Telles tem o dom especial de "ver" as imagens que vivem guardadas nas profundezas do inconsciente humano. Neste livro, ela descreve sua técnica e conta alguns casos emocionantes de "leituras do inconsciente", com resultados altamente positivos no campo da saúde, autoconhecimento e identificação de problemas emocionais. Seu trabalho provou ser uma poderosa ferramenta auxiliar na terapia, no tratamento médico e psicológico, e nos processos interiores de transformação.

Nascer não Basta: Iniciação e toxicodependência

Luigi Zoja

Prefácio do Dr. Glauco Ulson, médico psiquiatra e psicoterapeuta junguiano

150 páginas.

É fácil dizer que os jovens são tentados a consumir drogas pela simples curiosidade — mas esta não é toda a verdade. Neste livro, Luigi Zoja, renomado psicoterapeuta de linha junguiana, analisa as motivações inconscientes que levam o indivíduo de hoje a recorrer às drogas pesadas e indica que um dos principais motivos disso é a carência, na sociedade contemporânea, de processos iniciáticos verdadeiros e capazes de conferir à pessoa, particularmente ao jovem, uma real identidade existencial.

As Senhoras do Pássaro da Noite
Carlos Eugênio Marcondes de Moura (org.)
Ilustrações de Carybé
256 páginas.
Coletânea que apresenta variados aspectos da tradição afro-brasileira, a "religião dos orixás", em ensaios do etnólogo Pierre Verger, da psicóloga Monique Augras, do antropólogo José Jorge de Carvalho, do sociólogo Reginaldo Prandi, do museógrafo José Luiz Hernandes e do pai-de-santo Manoel do Nascimento Costa. As *Senhoras* do título são as Grandes Mães, as *yamis* do candomblé, mulheres feiticeiras que representam os poderes místicos da mulher e seu aspecto mais perigoso e destrutivo.

Budismo Essencial: A arte de viver o dia-a-dia
Gyomay Kubose
Prefácio do Prof. Dr. Ricardo Mário Gonçalves, da USP
134 páginas, 2ª edição.
Monge da *Verdadeira Escola da Terra Pura*, tradição gnóstica do budismo fundada no século XII no Japão, o *sensei* Gyomay Kubose apresenta seus ensinamentos de maneira clara e objetiva, muito adequada à mentalidade ocidental. Enfatiza o *dharma* não-sectário, preconizando um caminho direto, sem a intermediação de estudos acadêmicos ou rituais, para se obter a experiência religiosa e a consciência espiritual.

O Andarilho das Estrelas

Jack London

Prefácio de Michel Sokoloff

320 páginas, 5ª edição.

Este instigante romance de Jack London (1876-1916) narra a saga de um prisioneiro de San Quentin que, para escapar à tortura da camisa-de-força, aprende a "sair" do corpo físico e viajar livre no astral. Entrando nesse estado alterado de consciência, não só supera o sofrimento físico mas também mergulha na memória de suas vidas passadas, suas encarnações anteriores. "O espírito é a realidade que permanece. Eu sou espírito, e eu permaneço" — um tema inesperado na obra de Jack London, o mestre norte-americano da ficção.

A Travessia

Cyril Gely

224 páginas.

Delicado e sensível romance onde o garotinho Artur narra sua morte e o encontro com o Guia que veio buscá-lo. O problema é que Artur se recusa a fazer "a travessia" deixando sua mãe mergulhada em tristeza e dor, e o Guia se vê forçado a tomar decisões inéditas para um anjo da guarda. Aclamado pela crítica e pelos leitores franceses, este é um livro para pessoas de todas as idades que não têm medo de ser tocadas no coração.

A Rebelião dos Anjos

Anatole France

288 páginas.

Ao mesmo tempo divertido e profundo, o último romance de Anatole France (1844-1924), prêmio Nobel de Literatura, narra as aventuras e desventuras dos anjos caídos em Paris, lutando para sobreviver numa época hipócrita e massacrante, e tentando organizar um exército para tomar o céu de Javé, o "deus da ira" do judaico-cristianismo. Os capítulos mais fascinantes deste livro são, sem dúvida, a história do mundo contada sob o ponto de vista dos anjos caídos e o sonho sublime de Satã.

Ela (She)

Henry Rider Haggard

Prefácio de Roberto Gambini

352 páginas.

Mundialmente famoso por seus romances de aventura, como *As Minas do Rei Salomão*, Rider Haggard (1856-1925) teve entre seus leitores Carl G. Jung, que encontrou aqui uma excelente descrição para o fenômeno psíquico a que daria o nome de *anima* — o componente feminino instalado no interior da psique masculina. O fascínio da trama, o selvagem ambiente africano, o carisma do personagem narrador e a presença da misteriosa mulher imortal, nesta tradução competente e inspirada, fazem da leitura deste livro uma fonte de prazer e uma experiência inesquecível.

ESTA OBRA FOI COMPOSTA PELA PÁGINA UM - PROGRAMAÇÃO VISUAL EM TIMES NEW ROMAN, CORPO 13/15 E IMPRESSA PELA PALAS ATHENA EM OFF-SET SOBRE PAPEL CHAMBRIL 90GR PARA A AXIS MUNDI EDITORA EM MAIO DE 1998.